JN204200

ひとりごはんの愉しみと工夫

有元葉子

東京書籍

はじめに

ひとりのごはんを楽しむも楽しまないも、その人次第です。楽しめない理由は多々あって、ひとりでいると楽しめない方向に流されやすいものです。いろいろな食材を食べたいのにいろいろ買ってくると多すぎて余りが出てしまう、余った食材の処理に追われて楽しくない、それをひとりで食べても楽しくない、調理法や味に変化がつけにくくて飽きてしまう、自分のために面倒な料理はしたくない、などなど楽しめない理由は連鎖的に次々と出てきて数え上げたらきりがありません。

私もひとりの暮らしになって相当年数が経ちますが、今日までひとりの食事を楽しんでこられたのは、気持ちを切り替えたからだと思います。ひとりであることをプラスと考え、ひとりでなければできない楽しみを見つけようとプラス思考になるように考えました。大勢の食事作りは手慣れたものでも、これが急にひとり分となると、楽になるどころかかえって戸惑って気落ちしてしまうのはよくわかります。マイナス思考になりがちな事態をむしろ楽しむという心のゆとりを持つことが肝要です。多少の自己努力は必要ですが、努力のしがいはあるというものです。

料理の知識や経験が多い方ほど1回の献立の中で煮たり焼いたりとい

ろいろな調理法をしなくてはと考えられるかもしれません。が、思いきって調理法はひとつにしてしまい、食べるときに味つけに変化をつける、という手もあります。

たとえば、網焼きをするときは、肉や魚や野菜などを取り合わせ、少しずつ焼いてみる。焼き方はシンプルにひとつだけにして、たれを変えてみたりする。そんなひとりならではの楽しみ方を見つけてはどうでしょうか。そうするといろいろな野菜が少しずつ残ることになるけれど、翌日はそれらをまったく別の料理にして味わうことが楽しみにもなります。

最近は少人数用にさまざまな食材が小さいパックになって売られるようになってきました。これは大いに活用したいところです。特に野菜類の小パックは助かります。もともとが少量パックになっているクレソンやスプラウトなども便利です。利用できるところは大いに利用し、そこに工夫も重ねるとさらに食事が豊かになるでしょう。食事の豊かさは健康にダイレクトにつながります。

本書では、ひとり分の料理を日々作る中から生まれてきた、さまざまな私なりの工夫や愉しみをご紹介しています。これがみなさまの日々の暮らしの参考になり、ひとりごはんを作るのも食べるのも楽しい、というプラス思考の方向にシフトできたらうれしい限りです。

有元葉子

目次

＊計量単位は、1カップ＝200㎖、大さじ1＝15㎖、小さじ1＝5㎖です。
＊ガスコンロの火加減は、特にことわりのない場合は中火です。
＊オーブン、オーブントースターの焼き時間は目安です。機種によって多少差があるので、様子を見ながら加減してください。
＊特にことわりがない場合、酢は米酢、塩は自然塩、こしょうは粗びき黒こしょうを使います。ワインビネガーは白でも赤でも構いません。
＊オリーブオイルはエキストラバージンオリーブオイルを使います。
＊揚げ油はオリーブオイルまたは太白ごま油を使います。

グリル野菜のすすめ

網やグリルで焼いた野菜はこんがりと香ばしく、野菜のおいしさと香りがストレートに楽しめるのが魅力です。あえて塩もこしょうもふらず、ただ直焼きするだけ。焼いている最中に、おかかじょうゆで食べようか、ポン酢と大根おろしにするか、バルサミコ酢とオリーブオイルもいいかも……と考えるのもまた楽しいものです。網の空いているところに鶏肉や油揚げ、厚揚げをのせていっしょに焼けば、バランスのとれたひと皿になります。

ピーマン、長ねぎ、油揚げを
おかかじょうゆで

野菜をグリルするときに
肉や大豆製品もいっしょに網にのせて。
これだけでひとりごはんの
献立になります。

れんこん、かぶ、鶏肉を塩と
バルサミコ酢で

ピーマン、長ねぎ、油揚げで

グリル野菜の おかかじょうゆ

○材料：1人分

ピーマン…2個
長ねぎ…⅓〜½本
油揚げ…1枚
削り節…適量
しょうゆ…適量

1　ピーマンは半分に切って種と白い部分を少し除き、長ねぎは食べやすい長さに切る。油揚げは4等分に切る。

2　焼き網を熱して**1**をのせ、ときどき返しながらこんがりと焼いて中まで火を通す。

3　器に盛り合わせ、削り節をたっぷりとふり、しょうゆを回しかける。

れんこん、かぶ、鶏肉で

グリル野菜の バルサミコ風味

○材料：1人分

れんこん…小½節
かぶ…1個
鶏もも肉…½～1枚
塩、こしょう…各適量
バルサミコ酢…少々

1 れんこん、かぶは1～1.5㎝厚さの輪切りにする。鶏肉は食べやすい大きさに切り、塩少々をふる。

2 焼き網を熱し、れんこんとかぶをのせ、鶏肉は皮目を下にしてのせ、ときどき返しながらこんがりと焼いて中まで火を通す。

3 器に盛り合わせ、塩適量、こしょうをふり、バルサミコ酢をかける。好みでオリーブオイル（分量外）をふってもよい。

緑黄色野菜とプレーンマヨネーズ

蒸し野菜と手作りマヨネーズ

エキストラバージンオリーブオイルで作る
マヨネーズは、格別な味わい。
蒸し野菜をいただくのが楽しみになります。

野菜を蒸すとぐっと甘みやうまみが増し、おいしさもひとしお。皮つきのままでも、野菜を重ねても、水蒸気が隅々まで行き渡り、火の通りにムラがないのもうれしいところです。

　ここでは手作りマヨネーズを添えて蒸し野菜を楽しみます。色鮮やかな緑黄色野菜にはクリーム色のプレーンマヨネーズ、白い野菜には若草色のグリーンマヨネーズを組み合わせます。見た目の美しさもおいしさのうち。これだけで気持ちが豊かになります。

2つのマヨネーズを作る

○材料：作りやすい分量

プレーンマヨネーズ

- 卵…1個
- ワインビネガー…大さじ1
- 塩、こしょう…各少々
- オリーブオイル
  …⅔～1カップ

グリーンマヨネーズ

- イタリアンパセリ、
  ディル（ともに葉のみ）
  …合わせて5～6枝分
- にんにく…小1かけ
- 卵…1個
- ワインビネガー…大さじ1
- 塩…少々
- オリーブオイル…1カップ弱

○作り方は同様

1　ミキサーにオリーブオイル以外の材料を入れて撹拌し、ミキサーを回しながらオリーブオイルを少しずつ加えてさらに撹拌する。

2　ミキサーが回りにくくなったらスイッチを止めて上下を混ぜ、さらに撹拌する。ミキサーが回らなくなるまで繰り返す。ボウルなどに移す。

野菜のパワーを感じるカラフルな組み合わせ

緑黄色野菜と
プレーンマヨネーズ

○材料：1人分

かぼちゃ（くし形に切ったもの）…2切れ
スナップえんどう…4～5本
ロマネスコ（カリフラワーの仲間）
　またはブロッコリー…¼個
菜の花…3～4本
ミニトマト…4～6個
プレーンマヨネーズ…適量

1　かぼちゃは種とワタを除き、スナップえんどうは筋を取る。ロマネスコは茎の部分もいっしょに大きめに切る。茎の部分がかたい場合は大きめの小房に分ける。

2　小さいセイロにかぼちゃとロマネスコを入れ、蒸気の立った状態で竹串がすっと通るまで蒸す。

3　2にスナップえんどう、菜の花、ミニトマトを順に加え、すべての野菜に火が通るまで蒸す。

4　器に取り分け、プレーンマヨネーズを添える。

白と緑のコントラストがきれい、野菜がおいしそうに映る

白い野菜とグリーンマヨネーズ

○材料：1人分

れんこん…5cm

かぶ…1個

長ねぎ…10cm

カリフラワー…¼個

グリーンマヨネーズ…適量

1　れんこんは1～1.5cm厚さの薄切りにする。かぶは葉を少し残してくし形に切り、葉はざく切りにする。長ねぎは5cm長さに切る。カリフラワーは茎の部分もいっしょに大きめに切る。茎の部分がかたい場合は大きめの小房に分ける。

2　小さいセイロにれんこんとカリフラワーを入れ、蒸気の立った状態で竹串がすっと通るまで蒸す。

3　**2**にかぶ、長ねぎを順に加え、すべての野菜に火が通るまで蒸す。

4　器に取り分け、グリーンマヨネーズを添える。

グリル野菜や蒸し野菜で残ったれんこんは、きんぴらに

❶れんこんは5mm厚さの輪切りまたは半月切りにし、ごま油少々とともに鍋に入れる。種を取った赤唐辛子1本を加えて火にかけ、ざっと炒める。
❷酒、メープルシロップ、しょうゆ各適量を加え、汁気がほぼなくなるまで味をからめながら煮る。

生野菜をもりもり食べたい。ドレッシングと味つけの工夫

無性にサラダが食べたいときがあります。マリネや漬けものではなく、フレッシュな葉野菜のみずみずしさとシャキシャキ感を体が欲するときがあります。そんなときは山盛りのサラダを食卓へ。

サラダをおいしく仕上げるコツは、水を吸わせてシャキッとさせてからしっかりと水気をきること、同じくらいの大きさに切ること、ドレッシングを加えたらよくあえること、そして、手作りのドレッシングが冷蔵庫にあること！　食べたいと思ったときが作りどきです。

手であえるのがおいしい

サニーレタス＋メープルドレッシング

○材料：1人分

サニーレタス（ちぎったもの）
…中ボウルに軽く1杯

メープルドレッシング

- ワインビネガー、オリーブオイル …1対3の割合
- メープルシロップ、塩、こしょう …各適量

1　サニーレタスは大きめにちぎって洗い、水気をしっかりときり、ボウルに入れる。

2　メープルドレッシングを作る。ボウルにワインビネガーを入れ、塩とこしょうを加えて溶かし、メープルシロップ、オリーブオイルの順に加えて混ぜ合わせる。

3　**1**にメープルドレッシングを加え、よくあえる。ドレッシングは、あえたあとにボウルの底に溜まらない程度の量を加えるのがベスト。

いつでもすぐに食べられるように葉野菜はボウルに準備しておく

A　サラダに使う葉野菜は食べやすい大きさに切ったり手でちぎったりし、洗って、水気をしっかりときる。

B　ボウルに入れてふたをし、サラダを作る直前まで冷蔵庫に入れておく。

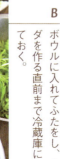

カリカリベーコンと
にんにくでうまみをプラス

クレソン＋
ベーコンドレッシング

○材料：1人分

クレソン…中ボウルに軽く1杯

ベーコンドレッシング

ベーコン（薄切り）…2枚
にんにく…½かけ
ワインビネガー…大さじ½

1　クレソンはかたい軸の部分を除き、洗い、水気をしっかりときり、ボウルに入れる。

2　ベーコンドレッシングを作る。ベーコンは2㎝幅に切り、にんにくはみじん切りにする。フライパンにベーコンを入れてカリカリになるまで炒め、にんにくを加えてさらに炒める。にんにくの香りが立ったらワインビネガーを加えて混ぜ合わせる。

3　**1**にアツアツのベーコンドレッシングを加え、よくあえる。

作りおきの
玉ねぎドレッシングを使って

レタス＋
玉ねぎドレッシングと
しょうゆ

○材料：1人分

レタス（ちぎったもの）
　…中ボウルに軽く1杯

玉ねぎドレッシング（p.19参照）
　…適量

しょうゆ…少々

1　レタスは食べやすい大きさにちぎって洗い、水気をしっかりときり、ボウルに入れる。

2　**1**に玉ねぎドレッシングを加えてざっとあえ、しょうゆを加えてよくあえる。ドレッシングは、あえたあとにボウルの底に溜まらない程度の量を加えるのがベスト。

ドレッシングがなくてもサラダ

水菜と春菊の
ごま塩サラダ

○材料：1人分

水菜…2株

春菊…3～4本

白炒りごま…大さじ1½

塩…少々

1　水菜は食べやすい長さに切る。春菊は葉を摘む。それぞれ洗って、水気をしっかりときる。

2　すり鉢にごまを入れて半ずりにし、塩を加えてすり混ぜる。

3　**1**を加えてあえる。

いつでもおいしく食べられるように
ドレッシングを作りおく。酢によって
酸味が異なるので、割合は好みで

アンチョビーとにんにくでパンチの効いた味わい

アンチョビードレッシング

○材料：作りやすい分量

アンチョビー…½缶
にんにく…1かけ
オリーブオイル…½カップ
ワインビネガー
…大さじ2½〜3

1　保存瓶ににんにく、オリーブオイル、ワインビネガーを入れ、アンチョビーを加える。

2　バーミックスでなめらかになるまで撹拌する。

好みではちみつを加えても。チキンサラダにもおすすめ

玉ねぎ粒マスタードドレッシング

○材料：作りやすい分量

粒マスタード…大さじ２
玉ねぎ…½個
オリーブオイル…½カップ
ワインビネガー…大さじ２½～３

1　玉ねぎはみじん切りにして水にさらし、水気をしっかりときる。

2　保存瓶に**1**、粒マスタード、オリーブオイル、ワインビネガーの順に入れ、ふたをして瓶ごとふって混ぜ合わせる。ボウルで混ぜ合わせて保存瓶に移してもよい。

酸味の少ないタイプ。肉料理のソースにもなる

玉ねぎしょうゆドレッシング

○材料：作りやすい分量

玉ねぎ…½個
オリーブオイル…⅓カップ
しょうゆ…¼カップ
酢…¼カップ
こしょう…少々

1　玉ねぎはみじん切りにし、水気をしっかりときる。

2　保存瓶に**1**、オリーブオイル、しょうゆ、酢、こしょうの順に入れ、ふたをして瓶ごとふって混ぜ合わせる。ボウルで混ぜ合わせて保存瓶に移してもよい。

クリーミーで
どんな生野菜にも合う！

玉ねぎドレッシング

○材料：作りやすい分量

玉ねぎ…⅓個
オリーブオイル…½カップ
酢…⅕～¼カップ
塩…適量

1　玉ねぎはざく切りにし、適当にばらす。

2　保存瓶にオリーブオイル、酢、塩を入れ、玉ねぎを加え、バーミックスでなめらかになるまで撹拌する。

野菜と鶏肉で2つのスープを作る

ゆで鶏を使ってサラダやマリネをよく作りますが、実はその鶏肉をゆでたスープがお目当て。野菜と鶏肉からうまみが溶け出したスープが美味なんです。ここで紹介するのは、ひとりごはん向きのもの。和の香味野菜とささ身で作る和風中華スープ、洋の香味野菜と胸肉で作る洋風スープ。骨のついた手羽先や手羽元を使えば、ひとり分少量でもおいしいスープがとれます。

にんじん、セロリ、玉ねぎ、鶏胸肉で、洋風スープ

○材料：作りやすい分量

にんじん…1本
セロリ（葉も含む）…1本
玉ねぎ…1個
ミニトマト（あれば）…4〜5個
かぶの葉（あれば）…1〜2個分
鶏胸肉…1枚
水…適量

1 にんじんは厚めの輪切りにし、セロリと玉ねぎはざく切りにする。ミニトマトはヘタつきのまま、かぶの葉はそのまま。

2 鍋に**1**と鶏肉を入れ、水をひたひたに注ぎ入れて火にかける。沸騰したらアクを取り、弱火で20分ほど煮る。

3 冷めたら、スープと鶏肉を保存容器に移す。

長ねぎ、しょうが、鶏ささ身で、和風中華スープ

○材料：作りやすい分量

長ねぎ…1本
しょうが…1かけ
鶏ささ身…4本
水…適量

1 長ねぎはぶつ切りにし、しょうがは皮つきのまま薄切りにする。

2 鍋に**1**とささ身を入れ、水をひたひたに注ぎ入れて火にかける。沸騰したらアクを取り、弱火で15分ほど煮る。

3 冷めたら、スープと鶏肉を保存容器に移す。

おいしいスープとジューシーな鶏肉。
これだけでメニューが広がります。

和風中華スープと鶏ささ身で

鶏スープかけご飯

○材料：1人分

和風中華スープ…適量
スープに使った鶏ささ身…2本分
白髪ねぎ…適量
のり…½枚
ご飯…茶碗軽く1杯分
おろしわさび…適量

1　スープは温める。ささ身は手で細くさく。

2　お椀にご飯を入れてのりをちぎって散らし、白髪ねぎとささ身を盛る。おろしわさびをのせ、スープを別器で添える。

3　ご飯にアツアツのスープをかけていただく。

洋風スープのおいしさを堪能する

野菜コンソメスープ

○材料：1人分

洋風スープ…適量
ミニトマト…3個
パセリのみじん切り…少々

1　ミニトマトはヘタを取る。

2　鍋に洋風スープとミニトマトを入れて温める。

3　器に盛ってパセリをふる。

洋風スープに使った鶏肉で

ゆで鶏と玉ねぎのあえもの

○材料：1人分

スープに使った鶏胸肉
…½枚分
玉ねぎ…¼個
塩、こしょう…各適量
オリーブオイル…適量
クレソン…½～1束
レモン…1個

1 鶏肉は手でさく、玉ねぎは薄切りにして水にさらし、水気をしっかりときる。

2 **1**をボウルに入れ、レモン½個分の果汁を搾り入れる。ザルの上から搾るとレモンの種が入らない。

3 塩、こしょう、オリーブオイルを加えてあえる。

4 器に盛り、クレソン、レモン½個を添える。

野菜と水をコトコト煮たら、そのままピュレに。
自然のうまみと甘さをおいしいと感じることができます。

野菜だけで作るポタージュは体にやさしい

20ページの「洋風スープ」のバリエーションとして、野菜だけでスープを作ることもよくあります。時間のあるときにコトコトと煮ておいて、バーミックスでポタージュに。オリーブオイルと塩を入れるだけで極上の野菜スープが完成します。オリーブオイルは香りのよい上質のエキストラバージンオリーブオイルを、塩はまろやかでうまみのある天日塩フルール・ド・セルを使います。

小分けにして冷凍しておいても

野菜づくしのポタージュ

○材料：作りやすい分量

にんじん…1本
セロリ（葉も含む）…1本
玉ねぎ…1個
にんにく…1かけ
イタリアンパセリ…適量
水…適量
オリーブオイル、
　塩（フルール・ド・セル）…各少々

1　にんじんは厚めの輪切りにし、大きいものは半月切りにする。セロリは厚めに切り、葉はざく切りにする。玉ねぎは薄切りにする。にんにくはつぶし、イタリアンパセリはざく切りにする。

2　鍋に**1**を入れ、水をひたひたに注ぎ入れて火にかける。沸騰したらアクを取り、弱火で静かに30～40分煮て火を止める。

3　バーミックスで攪拌してなめらかにする。

4　器に盛り、オリーブオイルを回しかけ、塩をふる。

葉もいっしょに使いきる

ファーマーズマーケットや産地直売所などで新鮮な根菜を買うと、根だけでなく葉っぱが元気なことに驚きます。そしてちょっと食べてみると、お日さまの匂いがして、しっかりと味がある。

　そんな葉っぱをおいしく食べる一番簡単な方法が即席漬け。根といっしょに漬けておけば無駄なくいただけます。かぶ、ラディッシュ、大根、にんじんと、どの葉っぱにもビタミン、カルシウムなどの栄養素が豊富に含まれているので、野菜の栄養もしっかりとれます。

実と葉、それぞれのおいしさが味わえる

かぶのゆず漬け

○材料：作りやすい分量

かぶ（葉つき）…4個
塩…かぶの重量の1.5%
ゆず…1個

1　かぶは葉を切り落とし、皮がかたければむき、細めのくし形に切る。ボウルに入れて塩をふり、軽くもむ。

2　かぶの葉は熱湯でさっとゆで、水気をきって食べやすい長さに切り、水気をしっかりと絞る。

3　ゆずは、半分は薄いいちょう切りにし、残り半分はそのままとっておく。

4　**1**のボウルにかぶの葉とゆずを入れて混ぜ、とっておいたゆずを搾って果汁を加え、しばらくおいて味をなじませる。

葉を入れて即席漬け。
味、食感、彩り、栄養ともに
よくなります。

葉を入れると香りがプラスされ、
見た目のボリュームもアップ

ラディッシュの浅漬け

○材料：作りやすい分量

ラディッシュ…1 束

塩…ラディッシュの重量の 1.5%

1　ラディッシュは葉を切り落とし、めん棒などでたたいて割る。葉は刻む。

2　**1** を保存袋に入れて塩をふり、軽くもみ、バットなどで重しをし、しばらくおいて味をなじませる。

3　汁気をきって器に盛る。

大根は葉っぱがおいしいから、葉つきを買う

旬の大根は丸々太って甘くてやわらかく、そして何より葉がおいしい。だから、ひとりごはんでも葉つきを買い求め、余すところなく使うようにしています。大根は95％が水分、乾燥させないことがおいしく食べるポイントなので、買ってきたらすぐに葉を切り落とし、葉と根に分けてそれぞれ料理。葉は常備菜、根は冷めてもおいしい煮ものに。2～3日楽しめます。

じゃこの代わりに桜えびを使っても

大根葉とじゃこ炒め

○材料：作りやすい分量

大根葉…1 本分
じゃこ…50g
オリーブオイル…大さじ 1
塩…適量
七味唐辛子…少々

1 大根葉は食べやすい長さに刻む。

2 鍋にオリーブオイルとじゃこを入れて炒め、大根葉を加えて炒め合わせる。

3 大根葉がしんなりしたら塩で味を調え、七味唐辛子をふって混ぜる。

4 バットにあけて冷まし、保存容器に入れる。

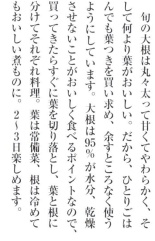

葉は、刻んで、干して、油炒めに。

のりで巻いたり、パンにはさんだり。

のりで巻いて酒の肴にするもよし、のりといっしょにトーストしたパンにのせてサンドイッチにするもよし。作っておくと野菜料理が一品増える。

いつでも飽きずに食べられる常備菜

干し大根葉の塩炒め

○材料：作りやすい分量

大根葉…1 本分

ごま油…大さじ½

塩、赤唐辛子(粗びき)…各適量

1　大根葉は盆ザルなどにのせ、水分が抜けるまで天日で干す。

2　**1** の 大根葉を小口切りにする。

3　鍋にごま油を熱して **2** を炒め、塩、赤唐辛子を加えてさらに炒める。

4　バットにあけて冷まし、保存容器に入れる。

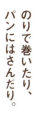

干し大根は、短時間で煮えておいしい。
保存もききます。

乱切りにして干すのが早煮えのコツ

大根と豚肉の煮もの

○材料：作りやすい分量

大根…½本
豚バラ肉…150～200g
しょうが…1 かけ
ごま油…大さじ 1 ½
酒…⅕カップ
メープルシロップ*…大さじ 1～2
しょうゆ…大さじ 3
水…ひたひた

＊メープルシロップの代わりに
みりん大さじ 2～3 を使っても。

1 大根は皮つきのまま少し薄めの乱切りにし、ザルにのせ、天日で 1 日干す。

2 豚肉は 1㎝厚さに切る。しょうがは薄切りにする。

3 鍋にごま油を熱して豚肉を炒め、全体に焼き色がついたら大根を加え、焼きつけるようにして炒める。

4 酒、メープルシロップ、半量のしょうゆ、水を加えて強火にして煮立て、中火にして残りのしょうゆを加え、オーブンシートをかませて落としぶたをし、汁気が少なくなるまで煮る。

スプラウトをおいしく食べる工夫

スプラウトとは発芽直後の植物の新芽。大きく成長するために必要なビタミンやミネラルなどを豊富に含み、小さくてもパワーがたっぷり。ちょっと野菜が足りないなというときに手軽に買え、下ごしらえなしに使えるのがいいですね。ちょっとびっくりされるかもしれませんが、アルファルファが出始めの頃、1パック使いきるために考えたのが、揚げてしまうことでした。シャリシャリとした食感で香ばしく、豆腐や炒飯によく合います。

スプラウトは
サラダばかりでなく、
いろいろなおいしい
食べ方があります。

スプラウトを２種類使って

ひき肉と スプラウトのあえ麺

○材料：１人分

好みのスプラウト
（貝割れ菜、ブロッコリースプラウトなど）
…各$\frac{1}{2}$パック
白髪ねぎ…適量
香菜…１～２株
えび麺（乾麺）
または細めの中華乾麺…１玉
こしょう、ごま油…各少々
ひき肉炒め（p.72 参照）…適量
白炒りごま、酢（好みで）…少々

1　スプラウトは根元を切って冷水に放し、水気をきる。白髪ねぎも冷水に放して水気をきる。香菜は葉を摘み、軸は小口切りにする。

2　えび麺はゆで、ザルに上げて流水で洗い、水気をしっかりときる。こしょうをふり、ごま油をまぶす。

3　**2** にスプラウトを加えてあえ、ひき肉炒め、白髪ねぎ、香菜の軸を加えてざっとあえる。

4　器に盛り、香菜の葉を添える。好みでごま、酢をかけていただく。

アルファルファ１パックを使いきり

揚げスプラウトの冷奴

○材料：１人分

アルファルファ…１パック
豆腐…小１丁
あさつきの小口切り…適量
しょうゆ、ラー油
または豆板醤…各適量

1　揚げ油を中温に熱し、アルファルファを広げながら入れる。はじめはいじらず、周囲が色づいてきたら箸で混ぜ、ムラがないように揚げていく。

2　きつね色になってカリッとしたら引き上げ、網にのせて油をきる。

3　器に豆腐を盛り、**2** をたっぷりとのせ、あさつきをのせる。しょうゆ、ラー油または豆板醤を好みでかける。

青菜はゆでておく

青菜を買ってきても、冷蔵庫に入れてしまうとついそのままに。そして葉っぱの先がほんの少ししおれてくると、急いで使ったり。そんな小さな後悔をしないためにおすすめなのが、ゆでておくこと。そうすればおいしさを無駄にせず、ごまあえやソテーなどに使い回せます。ソテーは生のものを直に炒めるより、ゆでてカサが減ったものを使う方がたっぷり食べられます。

青菜をゆでる

A

根元の部分に十字の切り込みを入れ、根元についた土を流水で洗い落とす。こうすると根元も食べやすくなる。

B

鍋にたっぷりめの湯を沸かし、青菜を根元を下にして入れ、2〜3秒おいてから葉先を湯の中に沈める。

C

さっとゆで、色が鮮やかになったら、ザルに上げる。ほうれん草は水にとって冷ます。

D

水気を絞り、食べやすい長さに切り分け、さらに水気をよく絞る。

E

ザルを重ねたボウルに入れ、ふたをして冷蔵庫に入れておく。

この組み合わせが絶妙

ほうれん草ソテーと目玉焼きのせ玄米ご飯

○材料：1 人分

ほうれん草のソテー

- ほうれん草（ゆでたもの）…小 1 束分
- オリーブオイル…適量
- 塩、こしょう…各少々

卵…1 個

オリーブオイル…適量

玄米ご飯*…茶碗 1 杯分

しょうゆ…少々

＊玄米の炊き方……玄米 2 カップは洗ってザルに上げ、水 2 カップとともにカムカム鍋に入れてふたをする。圧力鍋の中に入れ、カムカム鍋の高さの半分まで水を注ぎ入れ、圧力鍋のふたをし、強火にかけ、シューッといったら火を弱めて 50 ～ 60 分炊く。火を止めてすぐに圧力を下げ、ふたを取ってほぐす。

1 フライパンにオリーブオイルを熱して卵を割り入れ、白身の縁がカリッとするまで焼き、好みのかたさの目玉焼きを作る。器に玄米ご飯とともに盛りつける。

2 **1** のフライパンにオリーブオイルを足し、ほうれん草を入れ、さっと炒めて塩、こしょうをふる。

3 **1** に添え、目玉焼きにはしょうゆをかける。

青菜がたっぷり食べられる、
玄米の朝ごはん。

ご飯は冷凍保存

白米のご飯、玄米ご飯、黒米入り玄米ご飯などすべて同じ方法で冷凍保存。炊き上がったらおひつに移し、乾いたさらしをかぶせてふたをし、ご飯の余分な水分を取る。まだ温かいうちに 1 食分ずつラップにのせ、ご飯を押しつぶさないようにふんわりと包む。他の食品の匂いが移らないようにラップは 2 重に。1 か月以内に食べきる。

ホクホクとしたじゃがいもの
おいしさを楽しむ2品。

じゃがいもはゆでておく

フライ、ソテー、サラダ、グラタンなど、使い回しのきくじゃがいもは、食べたいときにすぐ使えるように、まとめてゆでておきます。塩水につけてからゆでることでアクが抜け、おいしく仕上がります。切ってからゆでるので、水からゆでなくても大丈夫。ザルを重ねたステンレスボウルで冷蔵保存しておくとおいしさが長持ちします。

ここで紹介するのは、オリーブオイルを使った揚げ焼きとマヨネーズ炒め。朝食、肉料理のつけ合わせ、ビールのおつまみなどに重宝です。

じゃがいもをゆでる

A
じゃがいもは皮をむいて水にさらし、半分に切ってから十字に切り、1個を8等分にする。塩水にしばらくつけてアクを抜く。

B
鍋に湯を沸かして塩少々を入れ、じゃがいもを加えて5～6分ゆでる。ザルを重ねたボウルに入れ、ふたをして冷蔵庫に入れておく。

オリーブオイルで焼くと表面カリッ、中はホクホク

じゃがいもの
オリーブオイル焼き

○材料：1人分

じゃがいも（ゆでたもの）…1～2個分
オリーブオイル…適量
塩…少々

1 フライパンに多めのオリーブオイルを熱してじゃがいもを入れ、おいしそうな焼き色がつくまで焼く。

2 器に盛り、熱いうちに塩をふる。じゃがいもは塩ゆでしてあるので、ここでふる塩の量は加減する。

こしょうを効かせて仕上げると味が締まる

じゃがいもの
マヨネーズ炒め

じゃがいも（ゆでたもの）…1～2個分
オリーブオイル…適量
手作りマヨネーズ（p.14参照）
…大さじ1
粗びき黒こしょう…適量

1 フライパンにオリーブオイルを熱してじゃがいもを入れ、おいしそうな焼き色がつくまで焼く。

2 マヨネーズを加えてさらに炒め、こしょうをふる。

じゃがいも1個はフライパン焼き

生のじゃがいもが1個だけ残っているとき、もっとも簡単でおいしくいただく方法が直焼き。ポイントはじゃがいもの切り方。1㎝厚さの輪切りにしたり、太めのせん切りにすると火の通りが早く、オリーブオイルで焼けばカリッと香ばしく仕上がります。小さいフライパンを使うと焼きムラがなく、油も無駄がなく、上手に焼けます。

バターの香りが鼻をくすぐる

輪切りじゃがいものフライパン焼き

○材料：1人分

じゃがいも…1個

オリーブオイル…適量

バター…適量

1　じゃがいもは皮つきのまま1㎝厚さの輪切りにする。

2　フライパンにオリーブオイルを熱してじゃがいもを並べ入れ、中火よりやや弱めの火加減で両面焼く。

3　おいしそうな焼き色がついて中まで火が通ったら、バターを加えてからめる。好みで塩少々（分量外）をふる。

思い立ったらすぐに作れるのが魅力です。

香ばしさが身上だから、じっくりと焼く

せん切りじゃがいものフライパン焼き

○材料：1人分

じゃがいも…1個
にんにく…1かけ
オリーブオイル…適量
塩、粗びき黒こしょう…各適量

1　じゃがいもは皮をむいて水にさらし、水気を拭き、薄切りにしてからせん切りにする。にんにくはつぶす。

2　フライパンにオリーブオイルを熱してにんにくを炒め、香りが立ったらじゃがいも入れて広げ、焼きはじめる。少し焼き色がついてきたら上下を返し、あまり動かさないようにして香ばしく仕上げる。

3　器に盛り、塩、こしょうをふる。塩の代わりにしょうゆ（分量外）をふっても。

旬の食材を食べることの幸せ。たとえば春はたけのこ。買ったその日にゆで、次の日に煮含めます。

たけのこの下ごしらえ

A たけのこ小2本は穂先を斜めに少し切り落とす。

B 中身を傷つけないようにして縦に深く1本切り込みを入れる。

C 鍋に入れ、かぶるくらいの水、赤唐辛子1〜2本、米ぬか1カップを加えて泡立て器でよく混ぜて火にかける。

D 煮立ったら弱火にし、根元に竹串がすーっと通るまで2時間以上ゆで、そのまま一晩おく。翌日、洗って絹皮を残して皮を取り除き、割り箸の角でこすってきれいにする。

下ごしらえをしたたけのこを含め煮にする

A ゆでたたけのこ小2本は根元と穂先に分け、根元は輪切りまたは半月切りにし、穂先は縦2〜4つ割りにする。

B 鍋にだし汁$1\frac{1}{2}$カップを入れて火にかけ、煮きり酒小さじ$1\frac{1}{2}$を加え、塩小さじ$\frac{1}{3}$、しょうゆ2〜3滴で薄味に調える。

C 下ごしらえをしたたけのこを入れ、落としぶたをして弱火で40〜50分煮る。そのままおいて味を含める。

すぐに食べない分は煮汁ごとボウルに移して冷蔵庫へ。

ひとりでも季節感を忘れない

最近は旬がなくなったと言われてはいますが、それでも店頭で出盛りの食材を見かけると、その新鮮さや肌ツヤのよさに惹かれ、今年も食べたいという気持ちになります。下ごしらえが面倒と思うこともあるでしょうが、その季節にしか味わえないおいしさを愉しむことは大事。ひとりだからこその贅沢でもあります。また、旬の食材同士を合わせた「出会いもの」も忘れたくないこと。たとえば春はたけのこと木の芽やわかめ。含め煮を作っておくと、あとで揚げたり焼いたりして楽しめます。

たけのこの含め煮をまずはそのまま味わう

たけのこの含め煮を食べやすい大きさに切り、煮汁とともに器に盛り、木の芽を添える。

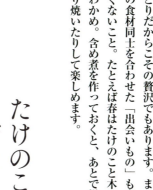

たけのこと木の芽は出会いもの。
たけのこの含め煮を使って、
春ならではのひと皿を。

鹿の子切りにして焼いて、木の芽を纏わせる

焼きたけのこ

○材料：1人分

たけのこの含め煮（p.40参照）…2切れ
しょうゆ…適量
木の芽…適量

1 たけのこの含め煮は汁気を拭き、根元に近い部分は鹿の子に切り込みを入れる。

2 焼き網を熱して**1**をのせ、焼き色がつくまで焼き、しょうゆを刷毛でぬって香ばしく仕上げる。

3 ボウルなどに入れ、木の芽をみじん切りにしてまぶす。

薄衣をつけて揚げて、たけのこの含め煮の風味を生かす

揚げたけのこ

○材料：１人分

たけのこの含め煮（p.40 参照）
…２切れ

衣

（小麦粉と水が２対３の割合

揚げ油…適量

木の芽…適量

1　たけのこの含め煮は汁気を拭き、食べやすい大きさに切り分ける。

2　小麦粉と水を混ぜ合わせて薄衣を作る。

3　揚げ油を中温に熱し、たけのこを薄衣にくぐらせて静かに入れ、ほんのり色づくまで揚げる。

4　網にのせて油をきり、器に盛って木の芽を添える。

ひとりでも揚げたてを楽しみたい

揚げものは自分で揚げるに限ります。ひとり分なら、衣をつけなければ大した手間もなく、油を1回で捨てることもありません。なんといってもアツアツの揚げたてをすぐに食べられるのが魅力です。

たったひとつの秘訣は、いい油を使うこと。エキストラバージンオリーブオイルか上質のごま油がおすすめです。揚げ方に神経質にならなくてもカリッとおいしく揚がり、多少食べすぎても体の負担になりません。

根菜をシンプルに味わう

れんこんとごぼうの素揚げ

○材料：1人分

れんこん…½節
ごぼう…½本
揚げ油…適量
塩、パプリカパウダー
　またはチリパウダー…各少々

1　れんこんは大きめの乱切りにする。ごぼうは皮をこそげてめん棒などでたたき、7～8㎝長さに切る。

2　揚げ油を中温に熱して**1**を入れ、きつね色に色づくまでじっくりと揚げて中まで火を通す。

3　油をきり、塩とパプリカパウダーをふってざっとまぶす。

揚げものはカリッと香ばしいのが身上。
まずは気軽に、素揚げから。

揚げたてをしょうゆにからめるのがポイント

手羽先と夏野菜の揚げもの

○材料：1人分

鶏手羽先…6～8本
さやいんげん…1袋
なす…1本
揚げ油…適量
しょうゆ、こしょう…各適量

1 さやいんげんはヘタの部分を少し切り落とす。なすはヘタを切り落とし、縦4つ割りにする。

2 揚げ油を中温に熱し、さやいんげんを入れてさっと揚げ、取り出す。続いて、なすを入れて色よく揚げ、取り出す。

3 **2**の揚げ油に手羽先を入れ、きつね色に色づくまでじっくりと揚げる。ときどき空気にふれさせながらカリッとさせる。

4 熱いうちにボウルに取り出し、しょうゆを加え、こしょうをふって味をからめる。さやいんげんとなすを加え、ざっとあえる。

調味料と買いおき食材には贅沢しましょう

みそ

辛口と甘口の2種類を用意。化学調味料の添加がなく、国産材料で昔ながらの製法で作られたものを。これは、まろやかな味と風味の越後みそ。風味が落ちる前に使いきれる500g入り。

酒

料理に使うだけだからといって、なんでもいいというわけではありません。飲んでおいしい日本酒を使うと、料理もおいしく仕上がります。

みりん

米、麹、本格焼酎を原料として1年以上ねかせた本物のみりんを。ちゃんとしたみりんを使うと料理にツヤが出てうまみが増します。

しょうゆ

無添加、天然醸造の、香りがよくて口当たりのよいものを。私は、子どもの頃から慣れ親しんできたイゲタしょうゆを使っています。

酢、ビネガー

あえものや甘酢漬けなど和風の料理に使うのは米酢。ツンとした酸っぱさや匂いがない、本醸造のものを。ドレッシングやマリネなど洋風の料理に使うのはビネガー。

メープルシロップ、はちみつ

料理に甘みをつけたいと思うときは、100％ナチュラルなメープルシロップ、またははちみつを使います。くどい甘さにならず、コクやうまみがつきます。

塩

しょっぱさがきつくなく、まろやかなうまみのある自然塩を。粒子の細かい一般的な塩と、粗塩を常備しておき、粗塩は塩自体が味の決め手になるような料理に使います。私は、塩、粗塩とも、日本のものとフランス・ゲランドのものを使っています。

調味料は料理の基本。毎日使うものだからこそ、まっとうで、おいしくて、納得できるものを選ぶようにします。なるべく小さいサイズのものを買い、封を開けたら、おいしいうちに使いきるようにします。また、買っておきたいのが、日持ちのする缶詰、乾物、乾麺など。ちょっとした食材がひとりごはんに重宝します。

油

基本的には抗酸化作用のあるエキストラバージンオリーブオイルを使いますが、オリーブオイルの香りをつけたくないときや和風・中華風の炒めものなどには太白ごま油を使います。

プラスαの調味料

豆板醤、ケッパーの塩漬け、アリッサ、粒マスタード、トマトピューレなど、味つけのアクセントになる調味料も買っておくと便利。自分の舌で味わっておいしいと思うものを見つけるようにします。

青背魚の缶詰

オイルサーディンやアンチョビーなどは青背魚の加工品。サラダ、パスタ、ドレッシングなどに使います。オイルサーディンはそのまま食べてもおいしい。

乾麺

そうめん、パスタ、中華麺など、長期保存ができる乾麺はひとりごはんの必須アイテム。この中華麺は細めのもので、同じシリーズで卵麺もあります。そのほか、冷凍うどんを買いおきすることも。

ごま

金ごまの方が使いやすいですが、黒ごまは香りがより強いのが特徴。香りや色合いを考えて使い分けます。数人分の料理を作るときは粒の状態のものを買って自分ですりますが、ちょっとしか使わないひとり分のときは、すりごまがあると手軽。

ひじき、のり

わかめと同様、よく使う海藻がひじきとのり。ひじきは歯ごたえとうまみがある長ひじきを愛用しています。のりはさっとあぶるだけで食べられるから手軽。焼いて香りがよく、パリパリになるようなほどよい厚みのものを。

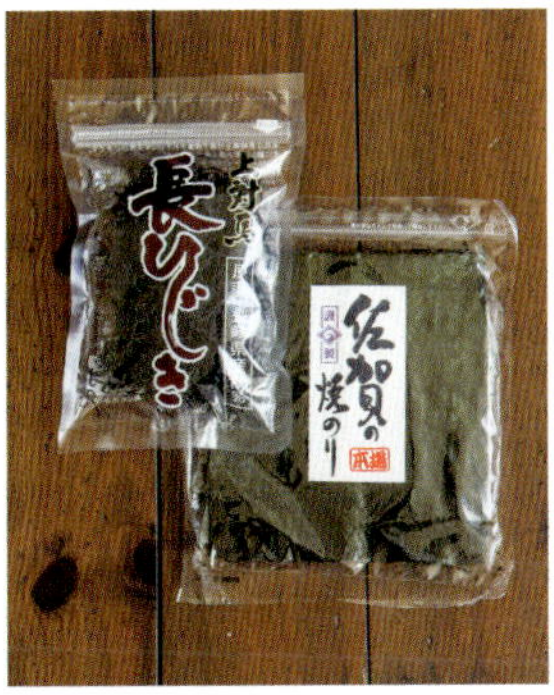

わかめ

わかめは好きなときにいつでも食べられるように、鳴門わかめの塩蔵を買いおきしています。鳴門海峡の激しい潮流で育ったわかめはシコシコとして歯ざわりがよく、飽きないおいしさです。

いりこ、削り節

いりこ、削り節は昆布とともにだし用に欠かせない素材ですが、いりこはカリカリに炒めて酒の肴やおやつにもします。削り節はまとめてだしを取る場合は別として、使いきりのできる小パックのものがあると、おひたしや冷奴にちょっとかけたいときに便利。

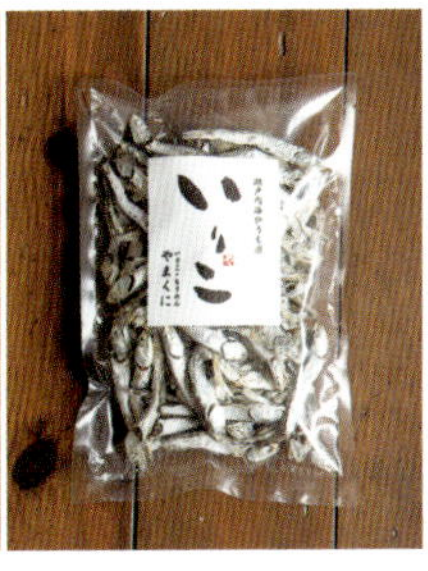

青背の魚がいつでも食べられる工夫

DHAやEPAを豊富に含む青背の魚はすすんで食べたい食材のひとつ。といっても鮮度を考えるとひとり分ずつしょっちゅう買うのも難しい。そこで、さばなら1尾、あじなら2尾程度を買い求め、新鮮なうちにひと手間加えて冷蔵庫へ。その日に食べない分も数種類の下ごしらえをしておけば、最後までおいしく食べきることができるし、なんといっても青背の魚を頻繁に食べることができます。

さば1尾。半身は生のまま調理、半身はしめさばにすると、別趣の美味が楽しめます。

すぐに食べる用に

半身（3枚におろしたもの）は半分に切って2切れにし、1切れはそのまま、もう1切れは皮目に数本包丁目を入れる。1切れずつ違う料理に仕上げる。

しめさばを作りおく

A

半身（3枚におろしたもの）は角ザルを重ねたバットに入れ、さばが見えなくなるくらいたっぷりの塩をまぶす。この状態で冷蔵庫で1～2時間おく。

B

流水で塩を洗い流して水気を拭き、腹骨をすき取り、骨抜きを使って身の中央の骨をていねいに抜く。保存袋に入れ、酢½カップを加え、ときどき上下を返して冷蔵庫で1～2時間おく。これが酢じめ。しっかりしめておくと日持ちする。

C

中広の昆布をさっと水をくぐらせてラップなどで包んでやわらかくし、Bのさばをはさみ、ラップでしっかりと締めるようにして包む。冷蔵庫に入れてひと晩おくと、昆布じめになる。冷凍も可。

まずはフライパンで焼いて楽しむ

さばのオリーブオイル焼き・玉ねぎとトマトのソース

○材料：1人分

さば（3枚におろして半分に切ったもの）
…1切れ
オリーブオイル…適量
玉ねぎとトマトのソース
- 紫玉ねぎ…¼個
- トマト…1個
- イタリアンパセリ…適量
- オリーブオイル…大さじ2
- レモンの搾り汁…大さじ1～2
- 塩、こしょう…各少々

クレソン…適量

1　玉ねぎとトマトのソースを作る。紫玉ねぎは粗みじん切りにして水にさらし、水気をきる。トマトは粗みじん切りにし、イタリアンパセリはみじん切りする。ボウルに合わせ、オリーブオイル、レモンの搾り汁を加えて混ぜ、塩、こしょうで味を調える。

2　フライパンにオリーブオイルを熱し、さばを食べやすい大きさに切って皮目を下にして並べ入れ、皮がカリッとしたら返し、両面香ばしく焼き上げる。

3　器にさばを盛り、**1**のソースをたっぷりとかけ、クレソンを添える。

いつもの塩焼きにひと工夫

さばのしょうが塩焼き

○材料：1人分

さば（3枚におろして半分に切ったもの）
…1切れ
おろししょうが…1かけ分
塩…小さじ1/2弱

1 おろししょうがと塩は混ぜ合わせる。

2 さばは皮目に数本包丁目を入れ、角ザルを重ねたバットにのせ、**1**のおろししょうがをたっぷりとのせる。包丁目にも入れ込む。

3 グリルで香ばしく焼いて中まで火を通す。

しめさばのおいしさをストレートに味わう

しめさばと甘酢しょうが

○材料：1人分

しめさば（酢じめまたは昆布じめ）…1/4尾分
甘酢しょうが（左記参照）…適量
白髪ねぎ…適量

1 しめさばは皮をひき、切り込みを1本入れながらそぎ切りする。

2 **1**の切り込みに甘酢しょうがをはさみ、白髪ねぎとともに器に盛る。

たっぷりの香味野菜でおいしさ倍増

しめさばのしょうが酢あえ

○材料：1 人分

しめさば（酢じめまたは昆布じめ）…¼尾分
おろししょうが…1 かけ分
酢…少々
長ねぎ…¼本
青じそ…½～1 袋
みょうが…1 個

1　長ねぎは小口切りにし、さらしの布巾に包み、冷水の中でもみ洗いして水気を絞る。青じそは半量はせん切りにし、半量はそのまま。みょうがは小口切りにする。

2　しめさばは皮をひいて少し厚めのそぎ切りにし、バットに入れ、おろししょうがをのせて酢をふって上から包丁で軽くたたく。長ねぎ、みょうが、青じそのせん切りをのせる。

3　器に青じそを敷き、**2** をスプーンなどで適量ずつすくって重ねるようにして盛る。こうするとしめさば、香味野菜ともにいい状態で口の中で混ざる。

甘酢しょうが……酢 1 カップ、メープルシロップ⅓カップ、塩少々を混ぜ合わせて甘酢を作る。新しょうがをごく薄く切って冷水にさらし、熱湯に 7 ～ 8 秒通し、水気をきり、甘酢に 30 分以上つける。作っておくとすぐに使えて便利。

レモンとオリーブオイルで楽しむ

あじのカルパッチョ

○材料：1人分

あじ(3枚におろしたもの)…1尾分
紫玉ねぎ…¼個
赤唐辛子…1本
ケイパー…小さじ2
レモン(国産)…½個
パセリのみじん切り…適量
塩…少々
オリーブオイル…適量

1　あじは骨を抜き、角ザルを重ねたバットに皮目を下にしてのせ、塩少々をふって20分ほどおく。

2　紫玉ねぎは薄切りにして水にさらし、水気をきる。

3　あじは皮をひいて薄めのそぎ切りにする。

4　器に紫玉ねぎを敷いてあじを盛り、赤唐辛子を手でちぎって散らし、ケイパーをのせる。レモンの皮をすりおろしてのせ、パセリをたっぷりとふり、塩少々をふる。オリーブオイルを回しかけていただく。

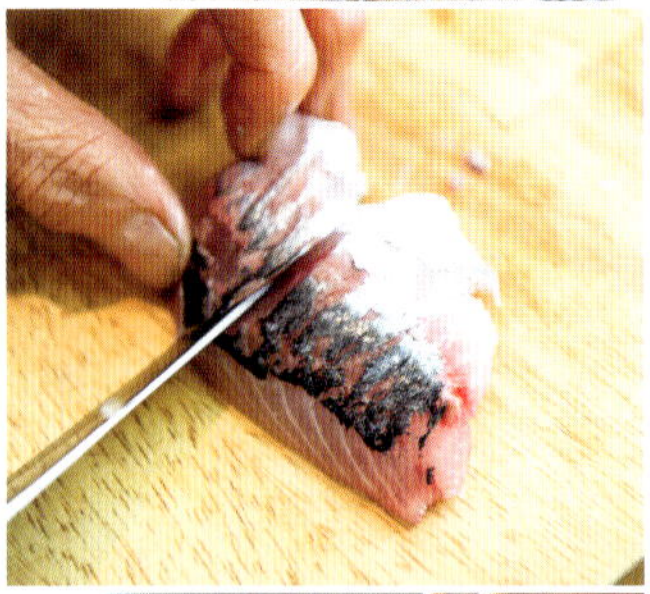

あじの楽しみ方はいろいろ。その日に楽しむなら、ひと塩。翌日に食べるならマリネや酢煮を仕込みます。

カリッとソテーしたあじをパンにはさんで

あじバーガー

○材料：1人分

あじ（3枚におろしたもの）…1尾分
塩…少々
オリーブオイル…適量
こしょう…適量
レタス…大2枚
トマト…厚切り1枚
玉ねぎ…厚切り1枚
トマトケチャップ、粒マスタード
…各適量
ハンバーガーバンズ…1個
きゅうりのピクルス…2本

1 あじは骨を抜き、角ザルを重ねたバットに皮目を下にしてのせ、塩をふって20分ほどおく。

2 フライパンにオリーブオイルを熱し、**1**のあじを皮目を下にして並べ入れ、こしょうをふり、両面カリッと焼いて中まで火を通す。

3 レタスは手で大きめにちぎる。玉ねぎは適当にばらす。

4 バンズの厚みを半分に切り、レタスを敷いてあじをのせる。トマトケチャップと粒マスタードをぬり、玉ねぎ、トマトの順に重ね、バンズではさむ。きゅうりのピクルスを添える。

甘さ控えめ、おろししょうが入り

あじの
みりんしょうゆ漬け

○材料：作りやすい分量

あじ（3枚におろしたもの）…2尾分

漬け汁

- しょうゆ…大さじ2
- みりん*…大さじ1～2
- おろししょうが…適量

七味唐辛子（好みで）…少々

＊みりん大さじ1～2の代わりにメープルシロップ大さじ1を使っても。

1　あじは骨を抜き、バットに並べ入れ、漬け汁の材料を加え、冷蔵庫でひと晩おく。

2　**1**の汁気を拭き、グリルでこんがりと焼く。

3　半分に切って器に盛り、七味唐辛子をふる。

すぐ食べてもよし、2～3日たってもOK

あじのマリネ

○材料：作りやすい分量

あじ（3枚におろしたもの）…2尾分

紫玉ねぎ…1個

きゅうりのピクルス…2本

ケイパー…大さじ1

レモンの搾り汁…1個分

オリーブオイル…適量

1　あじは角ザルを重ねたバットに皮目を下にしてのせ、塩をふって20分ほどおく。骨を抜き、皮をひき、ひと口大のそぎ切りにする。

2　紫玉ねぎは半分に切ってから薄切りにする。きゅうりのピクルスは輪切りにする。

3　ケイパーとレモンの搾り汁はボウルに入れて混ぜる。

4　保存容器に**1**、**2**、**3**を段々に重ね、オリーブオイルを半分の高さくらいまで回し入れ、冷蔵庫で味をなじませる。

5　器に盛り、イタリアンパセリ（分量外）を添える。

マリネや酢煮はおいしさが長持ちするから多めに作っておきます。

あじのうまみがしみた昆布も美味

あじの酢煮

○材料：作りやすい分量

あじ（下ごしらえしたもの*）…2尾
昆布…10㎝くらい
しょうがの薄切り…2〜3枚
酢…⅓カップ
酒…⅓カップ
しょうゆ…大さじ3
みりんまたはメープルシロップ…少々
赤唐辛子…1本
水…⅓カップ

＊あじの下ごしらえ……うろことぜいごをそぎ取り、頭を切り落として内臓を取り除き、流水で洗って水気をしっかりと拭く。

1 あじは筒切りにする。

2 鍋に昆布、しょうが、酢、酒、しょうゆ、みりん、水を入れる。

3 昆布の上に**1**のあじと赤唐辛子をのせて火にかけ、上からも煮汁をかける。

4 煮立ったら火を弱め、オーブンシートなどで落としぶたをし、汁気が少なくなるまでコトコトと煮る。

5 昆布は取り出して食べやすい大きさに切り、あじとともに器に盛る。鍋に残った煮汁をかける。

粗熱が取れたら保存容器に入れ、冷蔵庫へ。3〜4日おいしく食べられる。

あさりがあれば、だしいらず

あさりは小さいながらも栄養が豊富でうまみたっぷり。だし汁やスープストックがなくても、あさりと水でおいしいスープが作れるのが魅力です。しょうゆを入れれば和風、オリーブオイルとこしょうをふれば洋風、ごま油と香菜をふれば中華風。ここではそうめんを入れてにゅうめんに仕上げます。あさりのうまみだけでここまでおいしくなるなんて！　と驚きます。

うどんでもラーメンでもOK

あさりのにゅうめん

○ 材料：1人分

あさり（殻つき）…250g
水…1 ½～2カップ
塩…少々
あさつきの小口切り…適量
そうめん…1束

1　あさりは砂出しし、殻をこすり合わせて洗う。

2　鍋にあさりと水を入れて火にかけ、あさりの殻が開くまでゆっくりと煮、アクを取る。塩で味を調える。

3　そうめんはたっぷりの湯で少しかためにゆで、ザルに上げ、水でよく洗って水気をきる。

4　**3**のそうめんを熱湯につけて温め、湯をしっかりときって器に入れる。**2**のあさりとだし汁を注ぎ入れ、あさつきを散らす。

あさりのおいしいだしで、汁麺を作ります。

海藻を日常的に食べるための工夫

ひじきは戻して油炒めに。
わかめは戻してざく切りに。
ちょっとした下ごしらえが大事です。

ビタミンやミネラル、食物繊維たっぷりの海藻は、毎日食べる習慣をつけるといいですね。そのためには、すぐに食べられる状態にして冷蔵庫に入れておくこと。たとえばひじきなら1袋まとめて戻し、炒めておく。わかめなら戻して刻んでおく。たったこれだけで食べる気になるものです。

ひじきは味つけをしないで炒めておくのがポイント。ご飯と合わせるほか、卵焼き、白あえ、パスタなどにも使えます。

ひじき炒めを小分けにして冷凍庫へ

A 長ひじきはたっぷりの水につけて歯ごたえが残る程度に戻し、水気をきり、食べやすい長さに切る。ごま油またはオリーブオイルでひじきを炒め、ごく軽い塩味かしょうゆ味をつける。

B ラップを広げ、適量ずつ小分けにしてラップで包む。冷凍用保存袋にまとめて入れて冷凍庫へ。1回分ずつにしておくと解凍もラク。

ひじき炒めにしょうゆ味をつけて、混ぜご飯に

ひじきご飯の温泉卵のせ

○材料：作りやすい分量

ひじきご飯

- ひじき炒め…大さじ２
- しょうゆ…少々
- メープルシロップ…少々
- にんじん…3㎝
- さやいんげん…４～５本
- ご飯…適量

温泉卵…１人１個

1　にんじんは5㎜角に切ってゆで、さやいんげんはゆでて5㎜幅の小口切りにする。

2　ひじき炒めを鍋に入れて温め直し、好みでしょうゆ、メープルシロップで味を調え、**1** を加えて混ぜる。

3　ご飯に加えてさっくりと混ぜ合わせ、器に盛って温泉卵をのせる。

40年ほど前から使っている、温泉卵・ゆで卵器。レトロなデザインの電気式。

体が喜ぶ、飽きない取り合わせ

ひじき納豆じゃこご飯とぬか漬け

○材料：１人分

ひじき炒め…大さじ２～３
納豆…１パック
じゃこ…適量
ご飯…適量
しょうゆ…適量
ぬか漬け…適量

1　ボウルに納豆を入れて混ぜ、しょうゆを加えてさらに混ぜる。

2　器にご飯を盛り、ひじき炒め、じゃこ、**1** の納豆をのせる。ぬか漬けを切って添える。

ぬか漬けは何十年も続いている我が家の味そのもの。と言っても、ひとり暮らしなら大きな容器は必要ありません。留守のときには冷蔵庫に入れられるサイズで十分。キッチンに出しておいても嫌にならない、気に入った容器で漬けると、毎日の手入れも楽しい。

ほんのりとろみをつけた、口当たりのやさしいお椀もの

卵とわかめの汁もの

○材料：1人分

わかめ（戻してざく切りにしたもの）
…軽くひとつかみ
卵…1個
だし汁…$1\frac{1}{2}$カップ
塩、しょうゆ…各少々
水溶き片栗粉…少々

1　わかめは食べやすい幅に切る。卵は溶きほぐす。

2　鍋にだし汁を入れて火にかけ、塩としょうゆで味を調え、水溶き片栗粉を加えてゆるいとろみをつける。

3　**2**に卵を回し入れ、火が通ってふんわりと浮いたら火を止める。

4　器に注ぎ入れ、わかめをのせる。

わかめはざく切りにして冷蔵庫へ

A　干しわかめはたっぷりの水につけて戻し、しっかりと水気をきる。わかめを広げて重ね、一定の幅にざく切りにする。保存容器に入れて冷蔵庫へ。

この組み合わせが絶妙。塩味で仕上げます

わかめとほうれん草のごまあえ

○材料：1 人分

わかめ（戻してざく切りにしたもの）
…½カップ
ほうれん草（ゆでたもの。p.34 参照）
…½束分
白すりごま…大さじ２～３
おろししょうが…½かけ分
塩…少々

1　わかめとほうれん草は食べやすい幅に切る。

2　すり鉢にごまを入れてよくすり、おろししょうがを加えて混ぜ、塩で味を調える。

3　**2** にわかめとほうれん草を加えてあえる。

わかめとほうれん草のごまあえ＆焼きおむすびで、〆のご飯や夜食

炭を起こした日、火鉢の前で過ごす時間も愉しみのひとつ。ゆっくりと焼けてくる黄金色のおむすびは絶品。

牛肉はランプ肉をかたまりで買い求め、5〜6㎜厚さに切ってソテーや焼き肉を楽しみます。

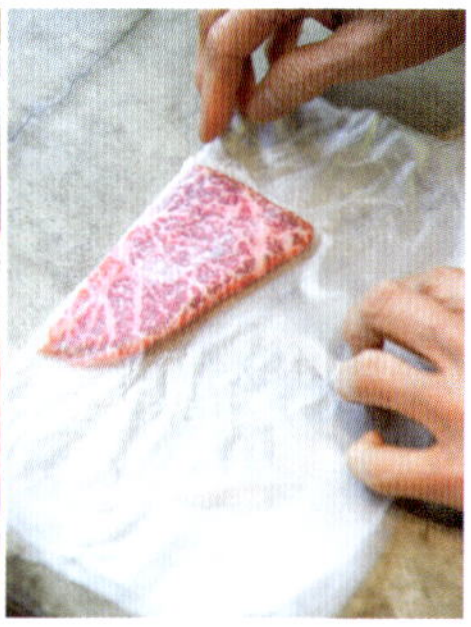

A

牛ランプ肉は400g程度のかたまり肉を買い、5〜6㎜厚さに切り、ラップ(できれば高密着性ラップ)で1枚ずつ包む。

B

1枚ずつ包んでから冷凍用保存袋に入れて冷凍保存しておくと、その日食べたい分だけ使える。

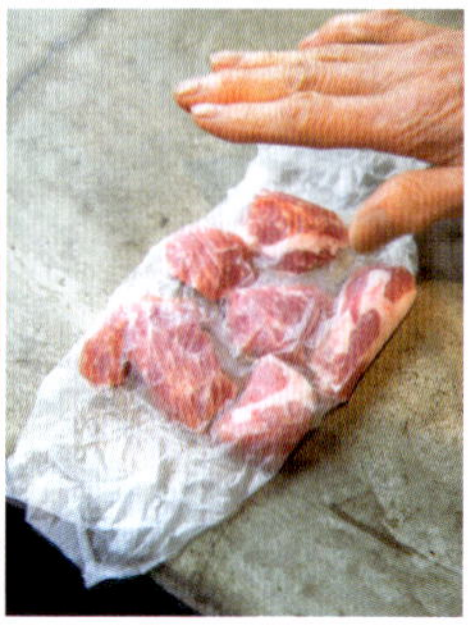

C

端の部分は小角切りにし、肉と肉の間を少し空けてラップで包み、空気を抜くように軽く押さえる。切った面が空気に触れないようにする。

D

この状態で冷凍用保存袋に入れ、冷凍庫へ。

高密着性ラップは保存に便利

空気を抜くように軽く押すだけで簡単に密着できるので、食品の冷凍保存などに向いている。冷凍霜を防げるので、おいしさも長持ち。

大根おろしで和風にいただく

牛肉と長ねぎのソテー

○材料:1人分

牛肉(5〜6㎜厚さのもの)…大2枚
長ねぎ…10㎝
オリーブオイル…少々
大根おろし、
　ポン酢じょうゆ(p.102参照)…各適量
七味唐辛子…少々

1　長ねぎはぶつ切りにする。

2　フライパンにオリーブオイルをなじませ、牛肉と長ねぎを入れ、ときどき返しながら、中火弱でじっくりと焼く。

3　器に盛り、大根おろしを添えてポン酢じょうゆをかける。七味唐辛子をふる。

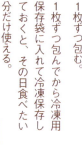

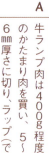

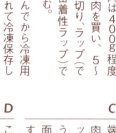

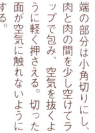

ひとりで愉しむ肉料理の工夫

たくさん食べたいわけではないけれど、ときどき食べたくなるのが牛肉のソテーや焼き肉。ランプ肉をかたまりのまま買い求め、ほどよい厚さに切り分け、1枚ずつ包んで冷凍庫へ。食べたい分だけフライパンで焼いて牛肉のおいしさを堪能します。

豚肉もほどよい厚さに切り分けて冷凍しますが、こちらはソテー用、炒めもの用、とんかつ用などいくつかの用途に使えるように厚さを変えておきます。

肉のうまみで野菜も炒めてたっぷり添えて

焼き肉と炒め野菜

○**材料：1人分**

牛薄切り肉（5～6mm厚さのもの）…大3枚
豆もやし…1袋
豆苗…1袋
太白ごま油またはオリーブオイル
…適量
焼き肉のたれ（p.102参照）…適量

1　牛肉は1切れを3等分に切る。豆もやしと豆苗はそれぞれ洗って水に放し、水気をきる。

2　フライパンに太白ごま油を熱して**1**の牛肉を並べ入れ、両面焼く。

3　フライパンの真ん中を空けて豆もやしを入れ、肉のうまみの出た油をからめる。牛肉は取り出して焼き肉のたれに入れて味をからめる。

4　**3**のフライパンに豆苗を加えて炒め合わせる。

5　器に牛肉と炒めた野菜を盛り合わせ、焼き肉のたれ適量をかける。

豚肉は肩ロース肉をかたまりで買い、好きなように切り分けて冷凍庫にストックしています。

A
豚肩ロース肉は400g程度のかたまり肉を買い、薄切り、2cmほどの厚さの厚切り、小さめの角切りなど、2〜3パターンに切り分ける。

B
薄切りはソテー、厚切りはとんかつ、小さめの角切りは炒めものや素揚げなどに。それぞれラップで包んで冷凍庫で保存。ほかの食材の匂いが移らないよう、ラップは2重にする。

厚切り肉で豚肉のおいしさを満喫

とんかつ

○材料：2枚分

豚肩ロース厚切り肉…2枚
塩、こしょう…各少々
小麦粉、溶き卵、パン粉…各適量
揚げ油…適量
キャベツのせん切り…好きなだけ
薬膳ソースまたは好みのソース…適量

1　豚肉は塩、こしょうをし、小麦粉、溶き卵、パン粉の順に衣をつける。衣が無駄にならないように2枚まとめて作り、その日食べない分の1枚はラップに包んで冷凍庫に入れておく。

2　揚げ油を中温よりやや低めに熱し、**1**を入れ、ときどき返しながきつね色に揚げる。角ザルにを重ねたバットにとり、油をきる。

3　食べやすい大きさに切って器に盛り、キャベツを添え、ソースをかける。

薄切り肉でチャチャッと、
ご飯がすすむおかず

豚肉とほうれん草のにんにく炒め

○材料：1人分

豚肩ロース薄切り肉…4～5枚
ほうれん草…2～3株
にんにく…1かけ
オリーブオイル…適量
しょうゆ…適量
こしょう…少々

1　にんにくはつぶす。

2　フライパンに多めのオリーブオイルとにんにくを入れて火にかけ、にんにくが色づいて香りが油に移ったら、豚肉を入れ、両面おいしそうな焼き色がつくまで焼く。

3　しょうゆとこしょうを加え、煮立てながら味をからめる。

4　ほうれん草を手でちぎって加え、ざっと炒め合わせる。ご飯（分量外）にのせる。

ひとりでもおいしい餃子が食べたい

餃子の皮は1袋20～24枚が一般的。だったら全部作ってしまいましょう。その日に食べない分は冷凍庫に入れておけばいいのだと割りきることが大事です。そして、おいしく食べるポイントは、全部作ったら一気に蒸してしまうこと。1日目は蒸し餃子を楽しみ、2日目以降は、冷凍しておいた蒸し餃子を使って焼き餃子を。焼くときはフライパンに油をなじませ、少し水を入れてふたをして中まで温め、ふたを取っておいしそうな焼き色をつけます。

まずは蒸し餃子を楽しむ

セイロで蒸して、アツアツを頬張る。

食べない分は冷凍

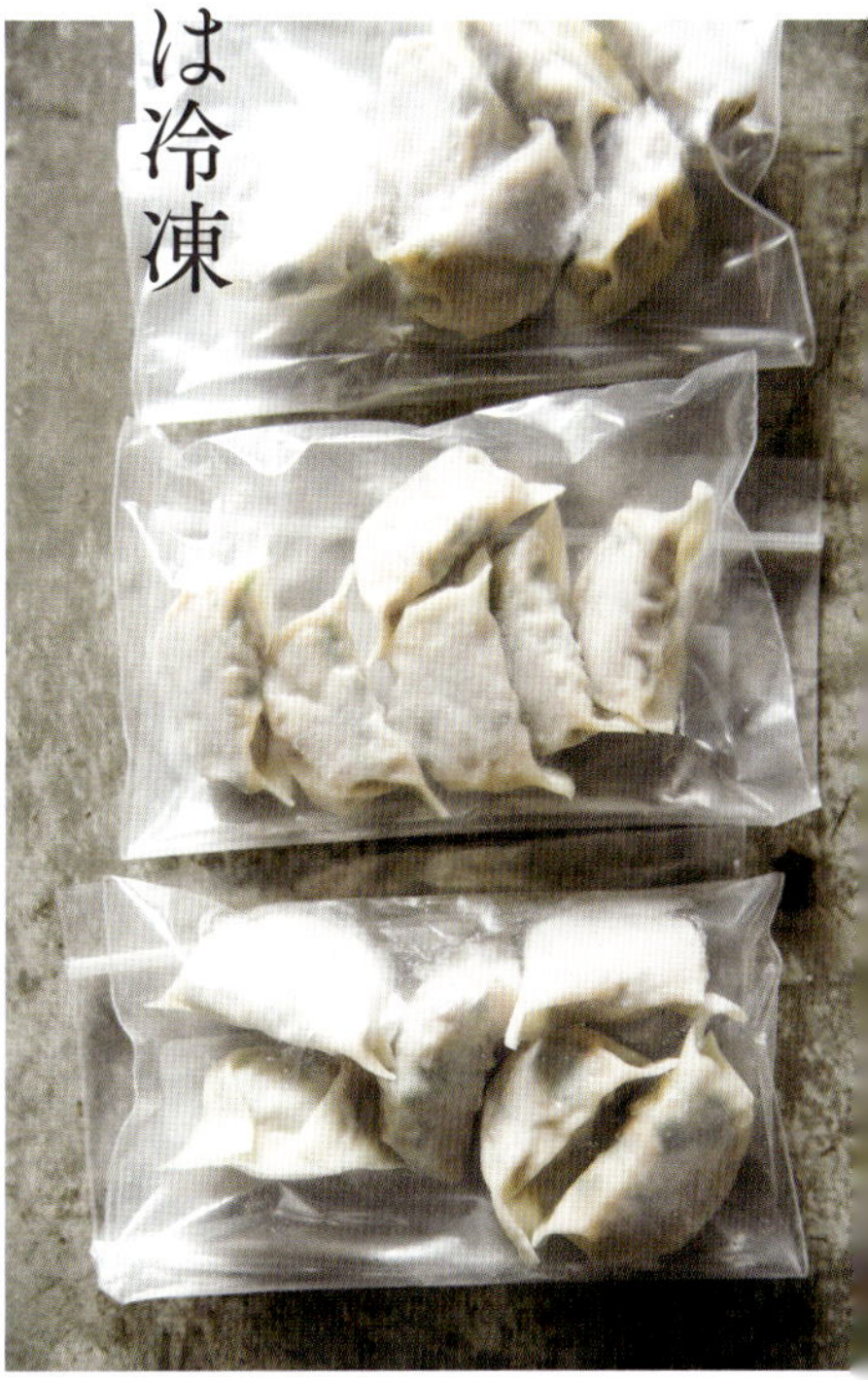

蒸した餃子を角ザルに並べて冷まし、そのまま冷凍庫に入れる。凍ったら１食分（６個）ずつ冷凍用保存袋に入れて冷凍庫へ。目の粗いザルにのせて冷凍すると皮がくっつかないので外しやすい。

次の日は焼き餃子

蒸し餃子をごま油でカリッと焼いて、たれにつけて。

キャベツたっぷりで、軽い食感

蒸し餃子

○材料：作りやすい分量

餃子のタネ

豚ひき肉…150g
にんにくのみじん切り…1 かけ分
しょうがのみじん切り…1 かけ分
キャベツのみじん切り…2 枚分
ニラのみじん切り…½束分
長ねぎのみじん切り…½本分
ごま油…大さじ 2
塩…少々

餃子の皮…1 袋（24 枚）

たれ

しょうゆ、ラー油、酢など…各適量

1　ボウルにタネの材料を入れ、手でよく混ぜ合わせる。

2　餃子の皮の縁に水を刷毛でぬり、**1** の適量をのせる。半分に折って真ん中を留め、両端にひだを作って包み、形を整える。包んだものは角ザルの上に並べる。目の粗いザルに並べるとくっつかない。

3　セイロに **2** を並べ（残ったキャベツやオーブンシートを敷いてもよい）、蒸気の立った状態で 10 分ほど蒸す。

4　器に盛り、たれをつけていただく。

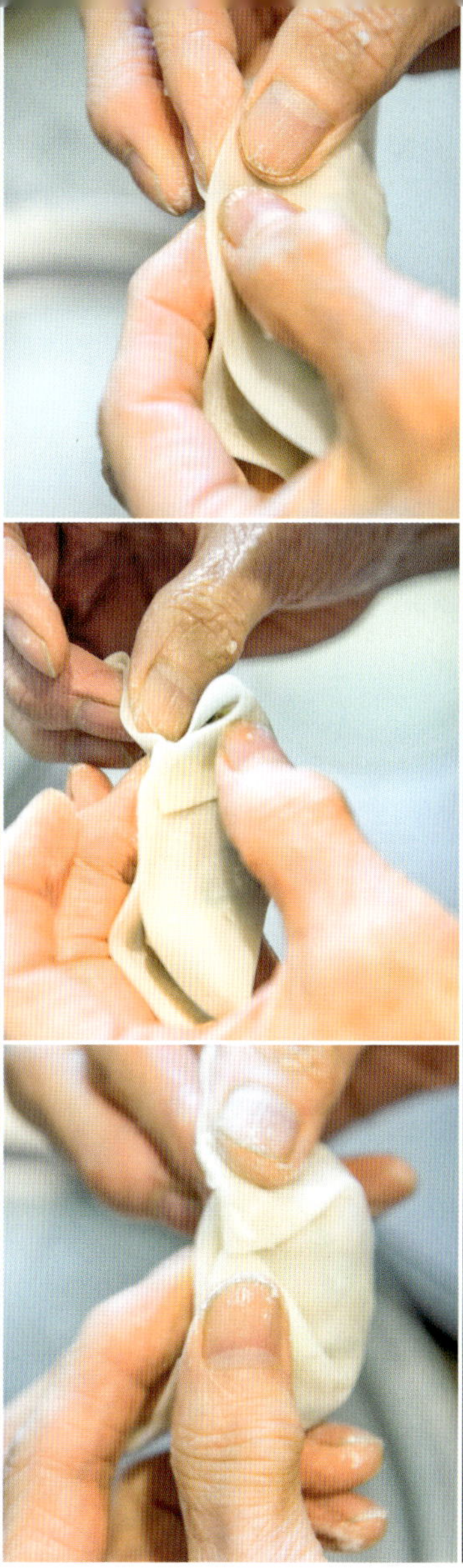

タネが残ったら肉団子にして 蒸したり、焼いたり

蒸した肉団子を、さらにごま油を熱したフライパンで香ばしく焼いて、たれをつけて食べる。

餃子のタネが残ったら、小さめに丸め、蒸し器に並べて 10 分ほど蒸す。そのままたれをつけて食べる。

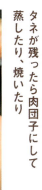

ごはん作りを楽しくする小さい道具たち

ひとりごはんには多くの調理道具は必要ありません。それよりは気軽に使えて、台所に立つのが楽しくなるような、使っていてストレスのない道具がほしいもの。あまり大きいサイズだと、出すのも洗うのも片づけるのも億劫になってしまうので、小さいサイズのものがおすすめです。小さめの鍋なら、少ない時間と最低限の調味料ですみます。

まな板と包丁

小さいまな板や薄いまな板は洗いやすく、場所をとらないのが魅力。私が使っているのは約25㎝四方の榧《かや》のまな板。かたすぎずやわらかすぎず、最適な弾力性で刃当たりがよく、軽いのが特徴。そのほか、オリーブのまな板、カッティングボード、佃煮やそうめんが入っていた木製のふたもまな板代わりにしています。包丁は、ハンドル部分が手にしっくりとなじむオリーブの木を使ったもの。ペティナイフなど小さめサイズがあると便利です。

ボウルとバット

下ごしらえに欠かせないのがボウルとバット。ボウルは小・中の2サイズがあるとさまざまなものに対応できます。いずれも、ザル、ふたとセットで使えるものが便利。よく冷えて保存性が高いステンレス製がおすすめです。

フライパンと鍋

ひとりごはんには大きなフライパンや鍋は必要ありません。むしろ小さい鍋の方が気楽に料理をする気になれます。フライパンは、深めのものと浅めのものがあると便利。鍋は、野菜をちょっとゆでたり汁気の少ない料理に使う浅めのものと無水鍋。そのほか、私は小さめの銅鍋もよく使います。煮ものがおいしく仕上がります。

揚げ鍋

内側に網がセットでき、油ハネ防止ネットがついているものを愛用。網に材料を入れてそのまま鍋にセットして揚げていきますが、たっぷりの油も必要なく、2度揚げも簡単なので、いつでもカリッとした揚げものが作れるのが魅力です。

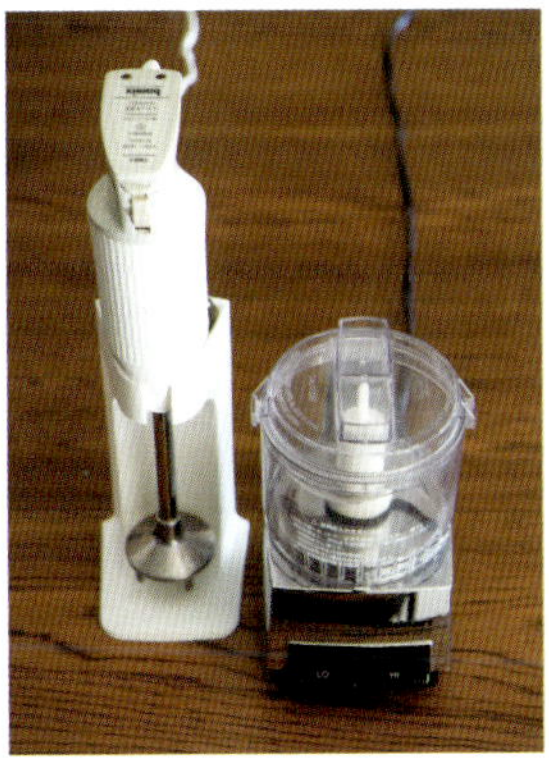

フードプロセッサーとハンディプロセッサー

ひとり分や少人数分なら、大きなフードプロセッサーより小さいサイズのフードプロセッサーとハンディタイプのプロセッサーで事足ります。私が長年愛用しているのは、フードプロセッサーはクイジナート、ハンディプロセッサーはバーミックス。どちらもすっきりとしたデザインで、キッチンに出しておいても気になりません。

すり鉢とすりこ木

あえ衣を作ったり、そこに野菜を入れてあえたり、オリジナルのスパイスミックスを作ったり。日本でずっと使われてきた陶製のすり鉢とすりこ木のほか、東南アジアなどでよく使われている石製のものはホールスパイスやハーブをつぶすのに便利です。

銅の湯沸かしと急須

銅は銅イオンの効用でお茶がまろやかになるほか、熱伝導と保温力がいいのが特徴。私がずっと愛用しているのは玉川堂のもの。湯沸かし、お茶だけでなく紅茶にもおすすめの急須、ひとり用の小さい急須を使っていますが、いずれも、持ちやすく、お茶のしずくがたれることがなく、使うほどに色合いと光沢が増し、機能美にすぐれています。

ひとり土鍋

ひとりで湯豆腐をしたり、おかゆを炊いたりするのに愛用しているのが、小さい土鍋。ゆっくりと加熱したおいしさはさることながら、熱々のまま食べられるのが魅力。そのままテーブルに並べても素敵だと思うようなものを選びます。

丸盆とランチョンマット

ひとりごはんはテーブルクロスよりランチョンマットが気軽。布製のものだけでなく、竹や水草など天然素材で編んだもの、紙製のものなど、お気に入りのものが数枚あるとごはんの時間が楽しくなります。また、お盆は普段食器の上げ下げに使うものですが、丸盆をランチョンマット代わりに使うと食卓がきれいにまとまり、きちんと食べようと思えます。

ひき肉炒めを作りおく

作っておくと便利なのがひき肉炒め。炒めたひき肉は、うまみたっぷりのおかずの素。野菜炒め、焼きめしなどに少量入れるだけで味が簡単に決まります。

シンプルに塩、こしょうだけで仕上げておくことが多いですが、ほんのりしょうゆを香らせたり、豆板醤を入れてピリ辛にすることも。ここではクミンやクローブなどのスパイスを入れてスパイシーに仕上げます。生野菜、揚げ野菜と組み合わせるほか、卵焼きに入れたり、あえ麺にしたり。32ページの「ひき肉とスプラウトのあえ麺」にも使っています。

ひき肉を炒める

A 鍋にオリーブオイル少々を熱し、豚ひき肉200g、にんにくのみじん切り1かけ分を入れて炒める。

B ひき肉がポロポロになるまで炒める。

C 長ねぎのみじん切り½本分、しょうゆ小さじ2、クミンパウダー小さじ1、クローブパウダー小さじ1を加え、しっかりと炒める。

D 粗熱が取れたら保存容器に入れ、冷蔵庫へ。

ひき肉炒めは、言ってみればおかずの素。サラダや卵焼き、あえ麺の具などに使い回します。

生野菜と組み合わせて

ひき肉炒めのレタス包み

○材料：１人分

ひき肉炒め…適量

レタス…２～３枚

パプリカまたはピーマン(赤)…½個

青じそ…３～４枚

1 レタスは大きければ半分にちぎる。パプリカは縦にくし形に切る。

2 レタスに青じそ、パプリカ、ひき肉炒めをのせ、包んで食べる。

これだけでご飯のおかずになる

揚げなすと
ひき肉炒めのサラダ

○材料：1人分

ひき肉炒め…適量

なす…1本

トマト…1個

紫玉ねぎ…¼個

レタス…大1～2枚

揚げ油…適量

1　紫玉ねぎは薄切りにする。

2　なすはヘタを取ってひと口大の乱切りにし、中温の揚げ油で揚げ、油をきる。

3　トマトはなすと同じくらいの大きさに切る。

4　器にレタスを敷いてトマト、紫玉ねぎ、なすの順に盛り、ひき肉炒めをたっぷりとかける。

小さいフライパンで作るのがコツ

ひき肉卵焼き

○材料：1人分

ひき肉炒め…適量

卵…2個

パセリまたはイタリアンパセリの
　みじん切り…適量

オリーブオイル…適量

1　ボウルに卵を割りほぐし、ひき肉炒めとパセリを加えて混ぜ合わせる。

2　フライパンにオリーブオイルを熱して**1**の⅓量を流し入れ、箸でざっと混ぜ、かたまってきたら奥に寄せて半月にまとめる。

3　空いたスペースに残りの卵液の半量を流し入れ、かたまってきたら、**2**の卵焼きを巻き込みながら半月にまとめる。これをあと1回繰り返し、卵焼きを仕上げる。

ベーコンを買いおく

ベーコンはうまみ食材。肉や魚介がなくてもベーコンがあればコクとうまみが出て、味にボリュームが出るのが魅力です。私は近所の精肉店でブロックのものを薄切りにしてもらい、1回分ずつラップで包んで冷凍しています。料理やその日によって使う量が違うので、2枚ずつ包んだり、3枚ずつ包んだり。

ポイントはおいしいベーコンを買うこと。フライパンで熱するとチリチリッと焼けていい香りがし、出てきた脂で野菜やご飯、ステーキさえもがおいしく焼けるようなベーコンがあると最高です。

買ったその日に冷凍庫へ

A　ベーコンはあまり重ならないようにしてラップで包む。

B　そのときによって食べたい量が違うので、3枚ずつのもの、2枚ずつのものの2パターン。

C　まとめて保存袋に入れ、冷凍庫で保存。パンチェッタを買ったときも同様。

うまみ食材のベーコンがあれば野菜のオイル蒸しや炒めご飯がうんとおいしくなります。

青菜やキャベツで作っても

菜の花とベーコンのオイル蒸し

○材料：1人分

ベーコン…3枚
菜の花…1束
塩…少々
オリーブオイル…少々

1　ベーコンは半分に切る。菜の花は根元のかたい部分は切り落とす。

2　鍋に菜の花を入れて広げ、塩をふり、ベーコンをのせる。オリーブオイルを回しかけ、ふたをして弱火にかけ、菜の花に火が通るまで蒸し焼きにする。

3　菜の花にベーコンのうまみをからめるようにして混ぜる。

ほろ苦いクレソンとの相性が抜群！

クレソンとベーコンの炒めご飯

○材料：1人分

ベーコン…3～4枚
クレソン…1束
にんにく…1かけ
オリーブオイル…少々
ご飯…適量
しょうゆ…少々
こしょう…少々

1　ベーコンは5㎜～1㎝幅に切る。クレソンは葉を摘む。にんにくはみじん切りにする。

2　フライパンにベーコンを入れて火にかけて炒め、ベーコンから脂が出てチリチリになったら、にんにくを加え、オリーブオイルを足し、にんにくが香ばしくなるまでさらに炒める。

3　ご飯を加えて炒め合わせ、フライパンの真ん中を空けて鍋肌にしょうゆを加えて香りを出し、ご飯が香ばしくなるまで全体によく炒める。

4　こしょうで味を調え、火を止め、クレソンを加えて混ぜ合わせる。

油揚げを買いおく

油揚げと冷蔵庫のありもので
おいしいご飯と麺が作れます。

油揚げの使い道はいろいろ。大きいまま網で焼いて大根おろしとしょうゆで食べてもおいしいですが、刻んで常備しておけば、みそ汁や煮びたし、そばやうどんの具にもすぐに使え、植物性たんぱく質が手軽に摂れます。

74ページのベーコンと同様、良質の材料と揚げ油で作る、安心でおいしい油揚げを買うことが大事。そんな油揚げは油抜きをしないで使うことができます。

買ったその日に使わない分は、冷凍庫へ

A
油揚げ1枚は細切りにする。1枚はそのまま。

B
それぞれ空気に触れないようにラップでぴったりと包み、冷凍庫へ。ほかの食材の匂いが移らないように、ラップは2重にする。

油揚げと長ねぎで

油揚げのしょうゆあえご飯

○材料：作りやすい分量

油揚げ…1枚
長ねぎ…7～8cm
しょうゆ…適量
ご飯…適量

青菜のおかかじょうゆ

小松菜、菜の花など好みの青菜…各1束
削り節、しょうゆ…各適量

1　油揚げは5～6mm角に刻む。

2　長ねぎは小口切りにする。太いものは縦半分に切ってから小口から刻む。

3　ボウルに長ねぎと油揚げを入れ、しょうゆを加えてあえる。

4　青菜のおかかじょうゆを作る。小松菜と菜の花はそれぞれゆで、小松菜はさっと冷水に放して冷まし、菜の花はザルに上げて冷ます。水気を絞り、食べやすい長さに切り分け、さらに水気をよく絞る。器に盛り、削り節をしょうゆであえてのせる。

5　器にご飯を盛って**3**をのせる。青菜のおかかじょうゆを添える。

○材料：1 人分

油揚げ…1 枚

長ねぎ…¼本

青菜（残しておいた茎の部分）…1 株分

わかめ（戻したもの）…軽くひとつかみ

梅干し…1 個

冷凍うどん…1 玉

だし汁（冷凍しておいたもの）…適量

塩、しょうゆ…各適量

梅干しの上から汁を注ぐのがポイント

あったか汁うどん

1　油揚げは細切りにする。長ねぎは小口切りにする。青菜の茎はゆで、根元を切り落とす。わかめはざく切りにする。

2　だし汁は温め、塩としょうゆでごく薄めに味を調える。

3　冷凍うどんは熱湯でさっと温め、ゆで汁をきって器に入れる。

4　うどんの上に油揚げ、青菜、わかめ、梅干しをのせ、梅干しの上から **2** の汁を注いで梅干しの塩分と香りを出し、長ねぎを添える。

油揚げ、青菜、わかめ、梅干し。この取り合わせがおいしいんです。

だし汁は冷凍しておくと便利

だしをとったら冷まし、保存容器に入れて冷凍庫へ。使うときはそのまま鍋に入れて温め、うどんやそばなどに使うときは、塩、しょうゆで味を調える。

梅干しを料理に使う

毎年2kgほどの梅を漬けていますが、このくらいの量だと漬けやすく、ひとりにはちょうどいい。そして、日常的に食卓にのせ、時間が経つにつれてやわらかく、まろやかになっていく変化を楽しみます。料理としても、梅煮、梅あえ、細巻きずし、78ページの汁うどんなど幅広く使いますが、ここで紹介するのは、刺し身の梅にんにくあえ。いつものわさびやしょうがでいただく刺し身を、梅にんにくでいただくと、パンチのある味わいになって新しいおいしさ。また、ふっくらとしたじゃこに山椒ならぬ梅を効かせた梅じゃこは、香り豊かで塩気と酸味が絶妙です。

梅とにんにくで食べる、新しいおいしさ

いかの梅にんにくあえ

○材料：1人分

やりいか（胴の部分。刺し身用）…1ぱい分

梅にんにく

- 梅干し…大1個
- にんにく…1/3かけ

青じそ…3枚

1 梅にんにくを作る。梅干しは種を除いてたたき、にんにくをみじん切りにして加え、いっしょにたたいてなじませる。

2 いかは包丁の刃先の方を使って細切りにする。

3 器に青じそを敷いていかを盛り、梅にんにくをのせる。あえて食べる。

毎年漬ける梅は2kgほど。1年以上おくことで味もまろやかになっていく。

梅干しで、酒の肴と常備菜。

まとめて作って、ご飯のおともに

梅じゃこ

○材料：1人分

梅干し…大1個
みりん…大さじ1
酒…少々
しょうゆ…少々
じゃこ…50g

1 梅干しは種を除いてたたく。ボウルに入れ、みりん、酒、しょうゆを加えて混ぜる。

2 鍋にじゃこを入れてカリカリになるまで炒り、火からおろして**1**を加える。

3 再び火にかけ、菜箸4本を使って混ぜながら、水分を飛ばして炒る。

パスタは野菜と食べる

「ひと皿でもバランスよく食べる、とにかく野菜が食べたい」、これこそが、ひとりごはんの大きなテーマ。パスタ料理はあくまでもパスタが主役でありたいけれど、具には野菜やきのこをたっぷり。さらにフレッシュサラダを山盛り添えて仕上げるようにします。火を通した野菜と生の野菜がひと皿の中にあることが肝心。混ぜながら食べることで、体が満たされます。

パスタと生野菜を
混ぜながら食べるとおいしい。

ズッキーニとペンネを
同じ大きさにするのがポイント

パンチェッタと
ズッキーニのパスタ

○材料：1人分

ペンネ…50～60g
ズッキーニ…小1本
パンチェッタ…40g
にんにく…小2かけ
赤唐辛子…1本
オリーブオイル…大さじ2～3
塩、こしょう…各適量
赤軸水菜…1株
ルッコラ…3～4本

1　鍋にたっぷりの湯を沸かし、塩少々（分量外）を加え、ペンネを入れてゆでる。

2　ズッキーニはペンネと同じくらいの大きさに切り、パンチェッタは薄切りにする。にんにくは半分に切って芯を除く。赤唐辛子は刻む。

3　赤軸水菜とルッコラは食べやすい長さに切り、ボウルに合わせておく。

4　鍋にオリーブオイルを熱してパンチェッタを炒め、脂が出てきたらにんにく、ズッキーニの順に加えて塩とこしょうをし、さらに炒める。

5　ペンネがゆで上がったらゆで汁をきり、**4**に加えてあえる。

6　器に**5**と**3**を盛り合わせる。ペンネと生野菜を混ぜながらいただく。

生野菜もクリームとチーズで楽しむ

きのこのクリームパスタ

○材料：1 人分

スパゲッティ…70 ～ 80g
しいたけ…4 個
しめじ…⅓～½袋
にんにく…1 かけ
オリーブオイル…大さじ 2
塩、こしょう…各少々
生クリーム…⅓カップ
ジュニパーベリー（ドライ。あれば）…少々
トレビス、リーフレタス…各適量
パルメザンチーズ（ブロック）…適量

1 鍋にたっぷりの湯を沸かし、塩少々（分量外）を加え、スパゲッティを入れてゆでる。

2 しいたけは石づきを取って手で大きめにさく。しめじは石づきを取ってほぐす。にんにくはみじん切りにする。

3 トレビスとリーフレタスは食べやすい大きさに切り、ボウルに合わせておく。

4 鍋にオリーブオイルを熱してにんにく、しいたけ、しめじを炒め、塩とこしょうをし、生クリームとジュニパーベリーを加えて少し煮詰める。

5 スパゲッティがゆで上がったらゆで汁をきり、**4** に加えてあえる。

6 器に **5** と **3** を盛り合わせ、パルメザンチーズをすりおろしてたっぷりとかける。

しいたけ、しめじ、まいたけなどのきのこ類は、湿気がこもらないように、袋の封を開けて保存。

パンを楽しむ朝ごはん

朝ごはんに欠かせないのが、緑黄色野菜とフルーツ、そしてトースト。お気に入りのパン屋さんが作る手ごねの食パンは、焼くとカリッと香ばしく、ひと口頬張るとふっくらとした食感と歯ごたえがあり、小麦粉本来の風味があって、毎日食べるにふさわしいおいしさです。また、バターロールの生地で作った連結ロールはトーストはもちろん、蒸すと絶品。朝ごはんを毎日ちゃんと食べたくなる理由です。

野菜とフルーツを生のまま、たっぷりと

トーストの朝ごはん

○材料：1人分

オリーブオイルのトースト
- 角食パン…1枚
- オリーブオイル…適量
- 塩…少々

にんじん…1本

ピーマン、レタスなど
　グリーンの野菜…適量

りんご…1個

柿など季節のフルーツ…適量

レモン…1個

ゆで卵…1個

はちみつヨーグルト
- 無糖ヨーグルト…適量
- はちみつ…少々

1　にんじんはひと口大の乱切りにし、ピーマンはヘタと種を取って食べやすい大きさに切る。レタスはざっくりと切る。りんごは皮ごと食べやすい大きさに切り、柿は皮をむいてくし形に切る。レモンは半分に切る。

2　食パンはトースターでカリッと焼き、オリーブオイルをかけ、塩をふる。

3　器に**1**、**2**、ゆで卵を盛り合わせ、ヨーグルトとはちみつを添える。生野菜やフルーツにはレモンを搾りかけ、ヨーグルトにははちみつを加えていただく。

ヨーグルトは、毎日食べても飽きない「石岡鈴木牧場」のもの。無糖ヨーグルトのほか、ほんのり甘い加糖ヨーグルトもおいしい。はちみつは、昔ながらの製法で抽出した香り豊かなトチのはちみつ。

おいしいパンがあればこそ。

パンは冷凍保存

角食パンは1斤をスライスされていない状態で買い求め、好みの厚さに切り分ける。同じ厚さにせず、あえて薄切り、厚切りなどにし、厚切りは半分の大きさに切ったりし、1食分（1～2枚）ずつラップで包む。連結ロールやバターロールは1食分（1個または2個）ずつラップに包む。ほかの食品の匂いが移らないようにラップは2重に。1か月以内に食べきる。

蒸し器で蒸すとモチッ。ホットドッグにもおすすめ

蒸しパンの朝ごはん

○材料：1人分

連結ロールまたはバターロール…2個
ソーセージ…2本
スライスチーズ…2枚
ミニトマトとパセリのサラダ
- ミニトマト…1パック
- イタリアンパセリまたはパセリのみじん切り…3～4枚分
- オリーブオイル、レモンの搾り汁、塩…各適量

ドライフルーツ（好みのもの）…適量
カフェオレ…マグカップに1杯

1 連結ロールまたはロールパンはそれぞれ縦に切り込みを入れ、スライスチーズ1枚とソーセージ1本をはさむ。蒸し器に入れ、蒸気の立った状態で4～5分蒸す。

2 ミニトマトとパセリのサラダを作る。ミニトマトはヘタを取ってボウルに入れ、イタリアンパセリを加える。オリーブオイルを加えてあえ、レモンの搾り汁と塩で味を調える。

3 器に**1**と**2**を盛り合わせ、ドライフルーツとカフェオレを添える。

ドライフルーツは皮ごと食べられるので栄養価が高く、食物繊維やミネラルが多く、抗酸化作用があるのが魅力。生のフルーツ同様、意識して食卓にのせる。

小鍋で おかゆを楽しむ

ゆっくりと向き合う朝ごはんは、ひとりの贅沢。

ふわっと立ち込める湯気とお米の香り、お米がはじけて花が開いたようになるまでゆっくりと煮た白がゆは、清々しい気持ちにさせてくれる朝ごはんの定番。煮ている間に魚を焼いて、青菜と油揚げをしょうゆ味で炒めて、あとは冷蔵庫にある常備菜を小鉢にちょこっと。よくある朝定食というわけですが、これをお盆にのせると、お盆の中にひとつのおいしい世界ができるから不思議。ゆっくりと味わうことが愉しみになります。

おかゆは小鍋ごとテーブルへ。冷めたら、鍋の底を空けて熱湯を少し注ぎ入れると、おいしさが復活します。

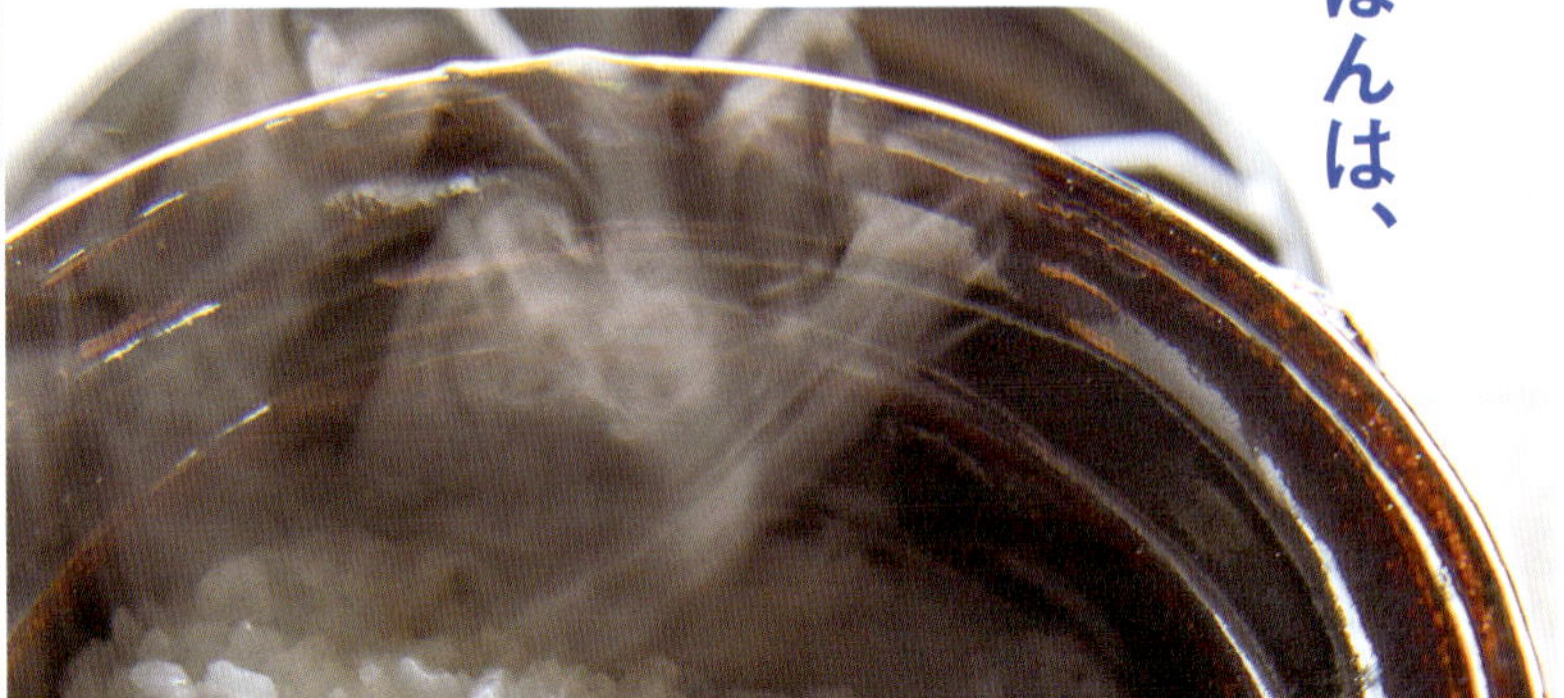

普段のおかずをお盆にセットすると、
きちんと食べようという気になる

白がゆ献立

○材料：1人分

白がゆ

- 米…$\frac{1}{3}$〜$\frac{1}{2}$カップ
- 水…米の分量の8倍

甘塩鮭…1切れ

青菜と油揚げのしょうゆ炒め

- 青菜（好みのもの）…$\frac{1}{2}$束
- 油揚げ…1枚
- ごま油…適量
- しょうゆ…大さじ$\frac{2}{3}$

梅干し…1個

大根葉炒め（常備菜）…適量

カリカリじゃこ（常備菜）…適量

1 白がゆを作る。米はといでザルに上げ、土鍋に入れ、水を加えて強火にかける。沸騰したらごく弱火にし、40分ほど煮る。途中2〜3回、底から混ぜて、火の通りを均一にする。

2 鮭は皮がカリッとするまで焼き網またはグリルで焼く。

3 青菜と油揚げのしょうゆ炒めを作る。青菜は根元の部分に十字の切り込みを入れて洗い、食べやすい長さに切る。油揚げは縦半分に切ってから短冊切りにする。鍋にごま油を熱して油揚げを炒め、カリカリになったらしょうゆを加えて味をなじませ、青菜を入れて味をからめながら炒め合わせる。

4 **1**、**2**、**3**、梅干し、大根葉炒め、カリカリじゃこをそれぞれ器に盛り、お盆にのせる。

大根葉炒めとカリカリじゃこは常備菜。保存瓶やふたつき容器に入れて冷蔵庫で保存。
大根葉炒めの作り方は、p.29 参照。
カリカリじゃこの作り方は、じゃこ½カップをごま油適量で炒め、カリッとしたら酒としょうゆ各少々を加え、汁気をなくなるまで混ぜながら味をからめる。

鮭は２切れ（１パック分）を焼き、すぐに食べない分は骨を取って保存瓶に入れ、冷蔵庫へ。ご飯のおとも、混ぜご飯やおむすびの具などに。

手作りの甘味をちょこっと食べたい

出盛りのフルーツは見るからにおいしそうで、食べてくださいと言わんばかり。ひとりでも箱でいただくこともあります。でも決して無駄にせず、おいしいうちに甘煮を作ります。残ったら作るのではなく、フレッシュなうちに作るのがおいしさのポイント。保存容器や瓶などに入れて冷蔵庫に入れておけば、デザートやおやつ、甘いものがちょこっと食べたいと思うときの愉しみになります。ここで紹介するりんごの甘煮は冷凍保存もでき、バタートーストにのせてもおいしいんです。

ティータイムの紅茶やコーヒーに

りんごの甘煮

○材料：作りやすい分量

りんご（ふじ）…2個
レモンの搾り汁…大1個分
グラニュー糖…大さじ4～5

1 りんごはくし形に切り、皮をむいて芯の部分を除く。

2 鍋にりんごを放射状に並べ、レモンの搾り汁をふり、グラニュー糖を回しかける。

3 中火にかけ、沸騰したらペーパータオルで落としぶたをし、火を弱めて、りんごがやわらかくなるまで煮る。

3 ペーパータオルを取って汁気を飛ばす。

4 粗熱が取れたら保存容器に移す。

煮たりんごを天日で半干しにしてもおいしく、極上のセミドライフルーツとなる。ふじなどは皮をむくが。紅玉は色がそまってきれいなので、皮つきのまま煮る。この写真は紅玉。

レモンはごくごく薄く切るのがポイント

レモンの砂糖煮

○材料：作りやすい分量

レモン(国産)…2～3個

グラニュー糖

…レモン1個につき大さじ3程度

1 レモンは洗い、皮つきのまま半分に切って種を除き、スライサーでごくごく薄く切る。端っこは果汁を搾る。

2 銅鍋に**1**のレモンを広げて入れ、果汁を加え、グラニュー糖を全体にふりかけてしばらくおく。

3 弱火にかけ、グラニュー糖が溶けて鍋の底がカラメル状になるまで煮る。

4 冷めたら保存容器に入れる。

フルーツの甘煮を作りおいて、おやつやデザートに。
シンプルに仕上げて、フルーツ本来の味を楽しみます。

いちごジャムとスコーン、カリカリベーコンで朝食。

1パックでひと瓶。
ひとり分にちょうどいい

いちごの1パックジャム

○材料：作りやすい分量

いちご…1パック
レモンの搾り汁…1個分
グラニュー糖
…いちごの重量の50～60%

1 いちごはヘタを取って洗い、鍋に入れ、グラニュー糖を全体にふりかけてしばらくおく。

2 レモンの搾り汁を入れる。

3 弱火にかけ、ときどきアクを取りながら、グラニュー糖が溶けていちごがふっくらやわらかくなるまで煮る。

4 さらに煮て少し煮詰め、木ベラで軽くつぶす。木ベラで鍋底をこすったとき、跡がしっかりと残るくらいまで煮詰める。

5 熱いうちに保存瓶に詰め、逆さまにして完全に冷めるまでおく。

ひとり分だからすぐ作れる

ふっくらスコーン

○材料：1人分

小麦粉（薄力粉）…½カップ

ベーキングパウダー…小さじ½

バター（冷たいもの）…15g

グラニュー糖…小さじ1

プレーンヨーグルト…大さじ2

1　小麦粉とベーキングパウダーをボウルにふるい入れ、小さく切ったバターとグラニュー糖を加え、全体があずき粒大になるよう、指先ですり合わせる。

2　**1**にヨーグルトを2回に分けて加え、生地がひとかたまりになるまで練らないように合わせる。

3　天板にオーブンシートを敷き、**2**の生地をボウルから取り出してのせ、手粉をつけて厚みをもたせてひとまとめにし、ゴムベラやスケッパーで4等分に切って重ねる。これを再び手で押さえて平らにし、ゴムベラなどで4等分に切って重ねる。生地はこねず、層にしていくとサクッとする。

4　丸く形を整え、170～180℃のオーブンで15分ほど焼く。

5　カリカリベーコンといちごジャム（ともに分量外）を添える。

ひとりだからこその贅沢

ひとりごはんは、ちょっと値のはる食材も小さめのポーションで買うことができるのがいいところ。たまには贅沢をして、上等の食材を愉しみたいものです。今回は、まぐろとうにを購入。いつもの刺し身とは違う、ワインに合うレシピを紹介しました。ワインをはじめ、シャンパン、日本酒などの酒類も、飲みきりのできる小瓶を買い求め、いつでもおいしくいただけるように冷蔵庫に入れています。

お酒は小瓶で買いおき

日本酒、シャンパン、スパークリングワイン、白ワイン、赤ワインなど、酒類は飲みきりサイズのものを選び、冷蔵庫にストック。小瓶なら最後までおいしくいただけるし、「少し飲みたいけれど、飲みきれないから開けないでおこう」と思わないですむ。

イタリアンなひと皿に仕立てる

まぐろのカルパッチョ

○材料：1人分

まぐろ赤身…½さく

紫玉ねぎ…½個

ケイパーソース

- ケイパー（塩抜きしたもの）…大さじ1
- にんにくの薄切り…1かけ分
- イタリアンパセリまたはパセリのみじん切り…大さじ1
- 赤唐辛子（刻んだもの）…1本分
- オリーブオイル…大さじ2

オリーブオイル…少々

レモン…½個

1 ボウルにケイパーソースの材料を入れて混ぜ合わせる。

2 まぐろは薄切りにする。紫玉ねぎは薄切りにして水に放ち、水気をしっかりと拭く。

3 器に紫玉ねぎを敷いてまぐろを盛り、ケイパーソースをのせ、オリーブオイルをかける。レモンを搾りかけていただく。

赤身のまぐろは1さくで買い求め、まずはカルパッチョにして楽しみます。

食べなかったまぐろ½さくは切らずにそのままバットに入れ、しょうゆをかけてふたをし、冷蔵庫に入れて「づけ」にし、翌日、日本酒とともに楽しむ。

極上のうにを小箱でひとり占め。「本日のパスタ」はこの上ないおいしさです。

鴨頭《こうとう》ねぎ、ミニトマトと組み合わせて

うにパスタ

○材料：1人分

生うに…小½～⅔箱

ミニトマト…8～10個

鴨頭ねぎ*…4～5本

塩…適量

オリーブオイル…適量

スパゲッティ（細めのもの）…50～60g

＊鴨頭ねぎ……小ねぎの中では最高級品で最も細い。ふぐ料理や水炊きに用いられることが多い。

1　ミニトマトはヘタを取って４つ割りにする。鴨頭ねぎは小口切りにする。
2　バットにうにを入れて塩少々をふり、ミニトマトをのせて塩少々をふり、オリーブオイル少々をかける。
3　スパゲッティは塩少々（分量外）を加えた熱湯で表示時間通りにゆでる。ザルにあけ、さっと流水に通して熱を取り、水気をしっかりときる。
4　器にスパゲッティの半量を盛り、**2** の半量をのせ、オリーブオイル少々をかける。残りのスパゲッティと **2** を順に重ねてのせ、オリーブオイル少々をかける。仕上げに鴨頭ねぎを散らす。

食べなかったうには、角ザルを重ねたバットにのせ、塩少々をふってふたをして冷蔵庫に入れ、塩うににする。翌日、そのままご飯にのせて刻みのりを散らして、うにご飯に。

手作りの調味料があれば、料理を作るのが楽しくなります

ドレッシングやマヨネーズのほか、合わせ酢やたれを作りおいておくと、それを使って料理をしようという気になり、キッチンに立つのが楽しくなります。作ってみると、余分なものが入っていない味のよさ、できたての香りにびっくりするはず。おいしい調味料があるだけで、味が簡単に決まり、自分好みの味に仕上がります。

ポン酢じょうゆ

だし汁1、しょうゆ1、ゆずの搾り汁1の割合で混ぜ合わせます。ゆずの代わりにだいだい、かぼす、レモンなどの柑橘類を使っても。または少しずつ残っている柑橘類をミックスしても。瓶に入れて冷蔵庫で保存。

柑橘類の果汁を搾って瓶に入れておくと、ポン酢じょうゆを作るときに便利。

めんつゆ

鍋にみりん¼カップを入れて火にかけて煮きり、しょうゆ¼カップを加えてひと煮立ちさせ、だし汁1カップを加えて再びひと煮立ちさせ火を止めます。

冷めたら、瓶に入れて冷蔵庫で保存。

メープル甘酢

酢1カップにメープルシロップ⅓カップ、塩少々を加えて混ぜ合わせます。メープルシロップは酢にすぐ溶けるので、加熱する必要はありません。瓶に入れて冷蔵庫で保存。

瓶に酢とメープルシロップを順に入れ、ふたをして瓶ごとふって混ぜ合わせると簡単。このまま保存。

焼き肉のたれ

鍋にみりん½カップを入れて火にかけて煮きり、しょうゆ½カップを加えてひと煮立ちさせ、少し煮詰めます。火を止め、おろししょうがまたはしょうがのみじん切り、おろしにんにくまたはつぶしたにんにく各適量を加える。好みで白炒りごまを加える。

冷めたら、好みで白炒りごま適量を加え、瓶に入れて冷蔵庫で保存。

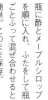

有元葉子　Yoko Arimoto

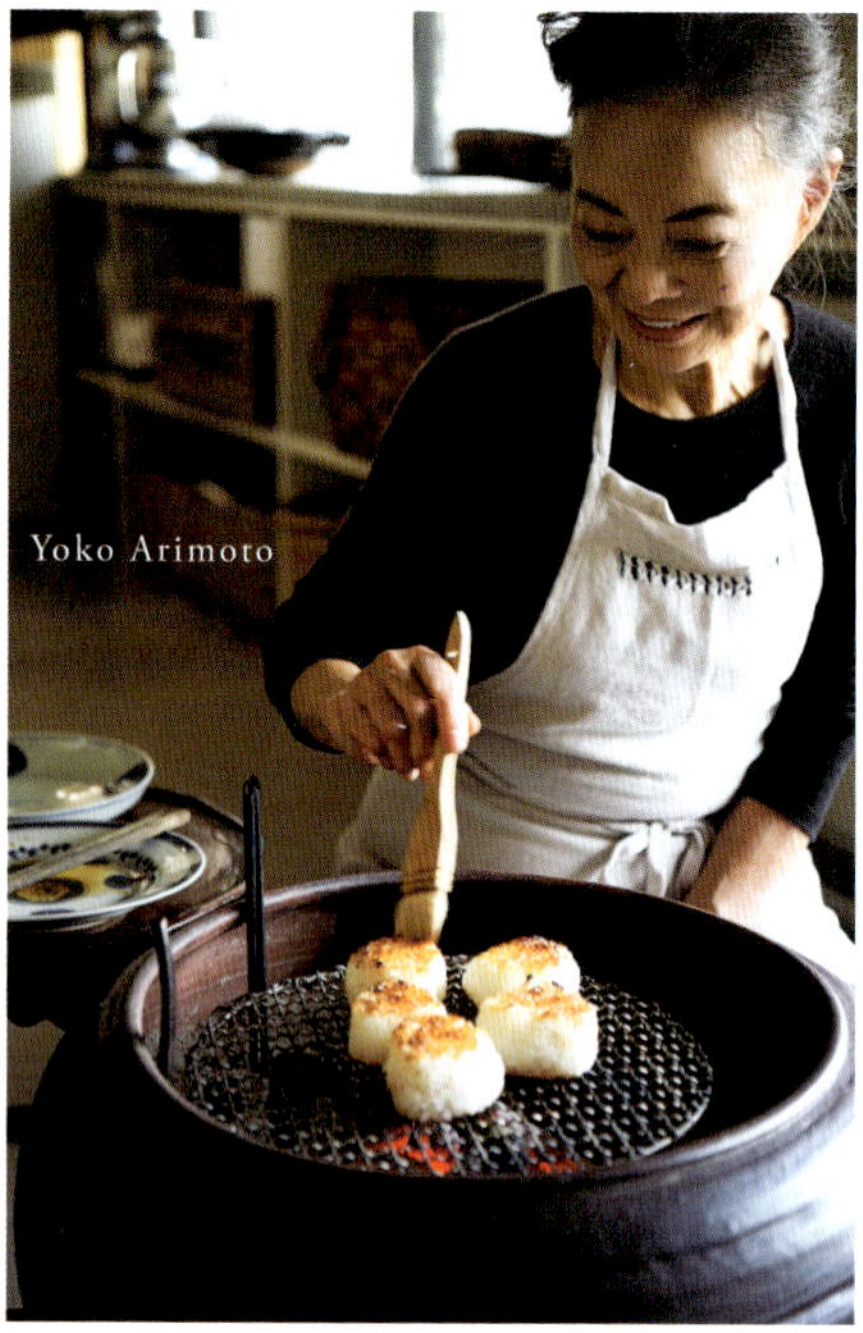

素材の持ち味を生かし、余分なものを入れない引き算の料理が人気。自分が本当によいと思える食材を使い、心と体が納得するシンプルなおいしさを追求。東京・田園調布で料理教室「cooking class」を主宰し、自由な発想でレッスンを行う。料理教室と同じ建物にある「shop281」では、自身が使う基本調味料や油、キッチン道具などが揃う。
www.arimotoyoko.com

ひとりごはんの
愉《たの》しみと工夫《くふう》

2018年　7月10日　第1刷発行
2019年　1月17日　第4刷発行

アートディレクション：昭原修三
デザイン：稙田光子
撮影：竹内章雄
スタイリング：千葉美枝子
編集：松原京子
プリンティングディレクター：栗原哲朗（図書印刷）

著者　有元葉子
発行者　千石雅仁
発行所　東京書籍株式会社
東京都北区堀船2－17－1　〒114－8524
電話 03－5390－7531（営業）　03－5390－7508（編集）
印刷・製本　図書印刷株式会社

ISBN978-4-487-81116-8 C2077

Copyright © 2018 by Yoko Arimoto
All Rights Reserved.
Printed in Japan

乱丁・落丁の際はお取り替えさせていただきます。
本書の内容を無断で転載することはかたくお断りいたします。